POPOLNA KUHARSKA KNJIGA LJUBITELJEV OSTRIG

Raziskovanje sveta ostrig skozi 100 neustavljivih kreacij

MARKO KOVAČIČ

Avtorski material ©2023

Vse pravice pridržane

Nobenega dela te knjige ni dovoljeno uporabljati ali prenašati v kakršni koli obliki ali na kakršen koli način brez ustreznega pisnega soglasja založnika in lastnika avtorskih pravic, razen kratkih citatov, uporabljenih v recenziji. Ta knjiga se ne sme obravnavati kot nadomestilo za zdravniški, pravni ali drug strokovni nasvet.

KAZALO

KAZALO 3
UVOD 6
ZAJTRK 7
   1. Omleta z ostrigami 8
   2. Hangtown Fry s parmezanom in svežimi zelišči 10
   3. Ostrige Benedikt 12
   4. Fritata iz ostrig in špinače 14
   5. Toast z ostrigami in avokadom 16
   6. Bagel z ostrigami in kremnim sirom 18
   7. Haš za zajtrk z ostrigami 20
   8. Zavitek za zajtrk z ostrigami in špinačo 22
   9. Quiche za zajtrk z ostrigami in slanino 24
   10. Fritata z ostrigami in špargljii 26
   11. Piškoti za zajtrk z ostrigami in čedarjem 28
   12. Palačinke iz ostrig in koruzne moke 30
   13. Takosi za zajtrk z ostrigami 32
   14. Sendvič z ostrigami in dimljenim lososom 34
   15. Skleda za zajtrk z ostrigami in zdrobom 36
   16. Palačinke za zajtrk z ostrigami in gobami 38
PRIGRIZKI IN PREDJEDI 40
   17. Ostrigini kroketi 41
   18. Ostrige in paradižnikova brusketa 43
   19. Suši zvitki z ostrigami 45
   20. Crostini z ostrigami in modrim sirom 47
   21. Cajun ocvrte kozice in ostrige 49
   22. Ocvrte ostrige 51
   23. Ostrige in habanero ceviche 53
   24. Ugrizi slanine in ostrig 55
   25. Ostrige in kaviar 57
   26. Spomladanski zavitki Oyster 59
   27. Tempura ocvrte ostrige 61
   28. Klasične ostrige Rockefeller 63
   29. Oyster Shooters 65
   30. Predjedi z ostrigami in slanino 67
   31. Začinjena ostriga Dip 69
   32. Kanapeji iz ostrig in kumar 71
   33. Salsa tostadas z ostrigami in mangom 73
   34. Ostrige in Pesto Crostini 75
   35. Jalapeño poppers z ostrigo in slanino 77
   36. Guacamole z ostrigami in mangom 79
   37. Gobe, polnjene z ostrigami in kozjim sirom 81
   38. Nabodala iz ostrig in ananasa 83
   39. Zvitki iz ostrig in pršuta 85
   40. Ceviche iz ostrig in manga 87

41. Escargot Style iz ostrig in česnovega masla 89
42. Ostrige v španskem slogu 91
43. Ponzu ostrige 93
44. Minjone ostrige 95
45. Kumare in liči granitne ostrige 97
46. Salsa Verde ostrige 99
47. Kilpatrick Oysters 101
48. Gin & Tonic Ostrige 103
49. Jabolčne ostrige 105

OMREŽJE 107
50. Ostrigini rezanci 108
51. Ostrigova enolončnica 110
52. Ostrige in klobase Jambalaya 113
53. Ostrigina enolončnica 115
54. Losos z ostrigami in morskimi algami 117
55. Enolončnica z juho iz ostrig 119
56. Preproste ostrige na žaru 121
57. Česen Asiago Ostrige 123
58. Wasabi ostrige 125
59. Rižota z ostrigami in gobami 127
60. Začinjene dimljene ostrige 129
61. Ostrige z omako Minjonette 131
62. Ostrige s šampanjcem Sabayon 133
63. Globoko ocvrte ostrige s konfeti s čilijem in česnom 135
64. Ostrige na žaru s česnovim parmezanovim maslom 137
65. Oyster Po' Boy 139
66. Virginijska šunka in ostrige 141
67. Ostrige in školjke 143
68. Piščančje prsi, polnjene z ostrigami in špinačo 145
69. Testenine z ostrigami in kozicami 147
70. Takosi z ostrigami na žaru 149
71. Ostrige in slanina Carbonara 151
72. Ostrige in teriyaki Stir-Fry 153

JUHE IN JUHE 155
73. Crockpot jastog bisque 156
74. Juha iz ostrig in sladkega krompirja 158
75. Ostrige in koruzna juha 160
76. Ostrigina juha z ingverjem 162
77. Dimljena ostriga in krompirjeva juha 164
78. Lotusova korenina in gobova juha 166
79. Lagniappe čili 168
80. Začinjena juha z ostrigami in paradižnikom 171
81. Krompirjeva juha z ostrigami in porom 173
82. Posoda za azijske krizanteme 175
83. Biskvit z ostrigami in divjimi gobami 177
84. Juha iz ostrig in pečene rdeče paprike 179

85. Velouté iz ostrig in koruze 181
86. Juha z morskimi sadeži iz ostrig in žafrana 183
87. Kremna juha iz ostrig in krompirja 185
88. Juha iz ostrig in zelene 187
89. Dimljena juha iz ostrig 189
90. Biskvit iz ostrig in komarčka 191

SOLATE IN PRILOGE **193**
91. Solata z ostrigami in avokadom 194
92. Rockefellerjeva solata z ostrigami 196
93. Solata iz ostrig in granatnega jabolka iz kvinoje 198
94. Solata z ostrigami in avokadom iz kumar 200
95. Solata iz ostrig in manga s prelivom iz čilija in limete 202
96. Solata z ostrigami in lubenicami 204
97. Solata iz ostrig in špargljev 206
98. Solata iz ostrig in kvinoje 208
99. Solata iz ostrig in kuskusa 210
100. Sladice iz ostrig in redkvic 212

ZAKLJUČEK **214**

UVOD

V svetu gastronomije le redki zakladi iz morja očarajo čute in podžigajo kulinarično strast tako kot ostrige. Njihova slana sočnost in značilne teksture že stoletja pletejo zgodbe o pomorskem razvajanju in ustvarjajo dediščino, ki presega čas in plimovanje. Dobrodošli v «Popolna kuharska knjiga ljubiteljev ostrig», kulinarični zbirki, ki vas vabi, da se podate na poglobljeno potovanje skozi izjemno kraljestvo ostrig.

Ko odpremo strani te kuharske knjige, stopimo v svet, kjer simfonija morja orkestrira kulinarično pripoved. Ostrige s svojo bogato zgodovino in raznolikimi sortami niso le sestavine, ampak protagonisti v gastronomski zgodbi, ki se odvija čez obalne pokrajine, pomorske tradicije in kuhinje navdušenih navdušencev nad ostrigami.

Predstavljajte si razgibane obale, kjer plima in oseka narekujeta ritem življenja. Predstavljajte si živahne tržnice z morsko hrano, ki vrvijo od energije ribičev, ki prinašajo dnevni ulov. Zamislite si skupno veselje ob zabavah in intimnih srečanjih, kjer so ostrige v središču pozornosti, vsaka lupina pa je plovilo, ki prinaša bistvo oceana do nestrpnih brbončic.

Ta kuharska knjiga je potni list za raziskovanje niansirane umetnosti občudovanja ostrig. Presega samo dejanje luščenja in vas vabi, da razkrijete skrivnosti različnih vrst ostrig, razumete subtilno prepletanje okusov in obvladate tehnike, ki te mehkužce spremenijo v kulinarične mojstrovine. Od žametnega objema surovih ostrig do cvrčeče privlačnosti kuhanih kreacij je vsak recept ljubezensko pismo večplastnemu šarmu teh oceanskih draguljev.

Ne glede na to, ali ste izkušen ljubitelj ostrig ali nekdo, ki se podaja na pot raziskovanja ostrig, so te strani kulinarično zatočišče. Pridružite se nam, ko se poglabljamo v nianse terroirja ostrig, eksperimentiramo z inovativnimi kombinacijami in slavimo brezčasno privlačnost teh čudes školjk. Skupaj krmarimo po zapletenem, bogatem in neustavljivem svetu ostrig – potovanje, ki ne obljublja le prijetnih grižljajev, temveč tudi globoko hvaležnost za bogastvo oceana.

Torej, z nožem za ostrige v roki in občutkom za kulinarično avanturo, naj se raziskovanje začne. Naj bo vaša kuhinja platno za okuse morja in naj bo "Popolna kuharska knjiga ljubiteljev ostrig" vaš zaupanja vreden vodnik po očarljivem svetu uživanja v ostrigah.

ZAJTRK

1.Omleta z ostrigami

SESTAVINE:
- 1 ducat majhnih ostrig, oluščenih, približno 10–12 unč
- 2 stepena jajca
- 2 žlici sladkega krompirja
- 1/4 skodelice vode
- Drobno sesekljan cilantro in zelena čebula
- sol, poper
- 2 žlici masti ali olja za cvrtje

NAVODILA:
a) V veliki skledi naredite redko testo iz moke iz sladkega krompirja in vode. Prepričajte se, da je moka popolnoma raztopljena.
b) Ponev segrejte do dimljenja. Površino ponve premažemo z mastjo ali oljem.
c) Vlijemo sladko krompirjevo testo. Ko je skoraj popolnoma strjen, a na vrhu še moker, vanj vlijemo s soljo in poprom razžvrkljana jajca.
d) Ko je spodnja stran omlete s škrobno skorjo zlata in je stepeno jajce do polovice strjeno, omleto z lopatko razlomite na koščke. Potisnite jih na eno stran.
e) Dodajte ostrige, zeleno čebulo in koriander ter med mešanjem pražite 1/2 minute . Zložite in potresite z jajcem.
f) Postrezite s pekočo omako ali sladko čili omako po vaši izbiri.

2.Hangtown Fry s parmezanom in svežimi zelišči

SESTAVINE:
- 6 velikih jajc
- ¼ skodelice težke smetane
- 2 črti omake s feferoni
- 1 čajna žlička sesekljane sveže bazilike
- 1 čajna žlička sesekljanega svežega origana
- ¼ čajne žličke sveže mletega črnega popra
- ⅓ skodelice sveže naribanega parmezana, razdeljeno
- 1 čajna žlička olivnega olja
- 1 žlica masla
- 12 oluščenih majhnih ostrig, odcejenih
- 2 žlici sesekljanega svežega peteršilja

NAVODILA:
a) Predgrejte brojlerja; rešetko postavite približno 5 palcev od enote za peko.
b) V skledi stepemo jajca. Dodajte smetano, pekočo omako, baziliko, origano, črni poper in 1 žlico naribanega parmezana.
c) V ponvi na srednje močnem ognju segrejte olje. V ponvi stopite maslo in ga zavrtite okrog, da enakomerno prekrijete ponev. Ostrige položimo v ponev in jih na obeh straneh zapečemo, približno 1 minuto na vsaki strani. Pustite, da se tekočina nekoliko zmanjša, približno 30 sekund dlje.
d) Jajčno mešanico počasi prelijte čez ostrige, pri čemer naj bodo ostrige enakomerno razporejene v ponvi. Po približno 30 sekundah ponev rahlo stresemo, vendar ne mešamo. Po približno 3 minut, ko se dno in stranice jajc strdijo, potresemo preostanek sir na vrh in ponev postavite pod brojlerja.
e) Pecite, dokler se jajca ne začnejo napihniti po robovih in se vrh lepo zapeče, 5 do 7 minut. Odstranite iz pečice; potresemo s sesekljanim peteršiljem. Postrezite takoj

3.Ostrige Benedikt

SESTAVINE:
- 4 angleški mafini, razrezani in popečeni
- 8 poširanih jajc
- 16 svežih ostrig, rahlo poširanih
- Holandska omaka
- Sesekljan drobnjak za okras

NAVODILA:
a) Na vsako polovico angleškega muffina položimo po dve poširani jajčki.
b) Na vrh vsakega položite dve poširani ostrigi.
c) Čez ostrige prelijte holandsko omako.
d) Okrasimo s sesekljanim drobnjakom.
e) Postrezite takoj.

4.Fritata z ostrigami in špinačo

SESTAVINE:
- 12 svežih ostrig, oluščenih
- 1 skodelica sveže narezane špinače
- 8 jajc
- 1/2 skodelice mleka
- Sol in poper po okusu
- 1 skodelica naribanega sira Gruyere

NAVODILA:
a) Pečico segrejte na 375 °F (190 °C).
b) V skledi stepemo jajca, mleko, sol in poper.
c) Namastite ponev, primerno za pečico, in jo postavite na srednji ogenj.
d) Dodamo špinačo in kuhamo, dokler ne oveni.
e) Po špinači raztresemo oluščene ostrige.
f) Jajčno mešanico prelijemo čez ostrige in špinačo.
g) Po vrhu potresemo nariban sir Gruyere.
h) Ponev prestavite v pečico in pecite 20-25 minut ali dokler se ne strdi.
i) Narežemo in postrežemo.

5.Toast z ostrigami in avokadom

SESTAVINE:
- 4 rezine polnozrnatega kruha, popečenega
- 2 zrela avokada, pretlačena
- 8 svežih ostrig, oluščenih
- Limonin sok
- Kosmiči rdeče paprike (neobvezno)
- Sol in poper po okusu

NAVODILA:
a) Na vsako rezino popečenega kruha enakomerno porazdelite pretlačen avokado.
b) Na vsak toast položite dve oluščeni ostrigi.
c) Čez vsak toast iztisnite malo limoninega soka.
d) Po želji začinite s soljo, poprom in kosmiči rdeče paprike.
e) Postrezite takoj.

6.Bagel z ostrigami in kremnim sirom

SESTAVINE:
- 4 pecivo, razrezano in popečeno
- 8 unč kremnega sira, zmehčanega
- 16 svežih ostrig, poširanih ali pečenih na žaru
- Kapre za okras
- Svež koper za okras

NAVODILA:
a) Vsako polovico popečenih bagelov namažemo s kremnim sirom.
b) Na kremni sir položite poširane ali na žaru pečene ostrige.
c) Okrasimo s kaprami in svežim koprom.
d) Postrezite z odprtim obrazom.

7. Hašiš za zajtrk z ostrigami

SESTAVINE:
- 1 funt krompirja, narezanega na kocke
- 1 čebula, narezana na kocke
- 1 rdeča paprika, narezana na kocke
- 16 svežih ostrig, oluščenih
- 4 jajca
- Sol in poper po okusu
- Svež peteršilj za okras

NAVODILA:
a) V ponvi skuhajte krompir, dokler ni zlato rjav in hrustljav.
b) V ponev dodamo čebulo in papriko ter pražimo, dokler se ne zmehčata.
c) Dodajte oluščene ostrige in kuhajte, dokler se ravno ne segrejejo.
d) V ločeni ponvi ocvremo jajca po želji.
e) Ostrigin hašiš postrezite z ocvrtim jajcem.
f) Okrasite s soljo, poprom in svežim peteršiljem.

8.Zavitek za zajtrk z ostrigami in špinačo

SESTAVINE:
- 4 velike tortilje iz moke
- 1 skodelica sveže špinače, dušene
- 16 svežih ostrig, pečenih na žaru ali v ponvi
- 1 skodelica feta sira, zdrobljenega
- Pekoča omaka (neobvezno)

NAVODILA:
a) Položite vsako tortiljo in enakomerno porazdelite dušeno špinačo.
b) Na špinačo položite na žaru ali v ponvi pečene ostrige.
c) Po ostrigah potresemo nadrobljen feta sir.
d) Po želji prelijemo s pekočo omako.
e) Tortilje zvijte v zavitke in postrezite.

9.Quiche za zajtrk z ostrigami in slanino

SESTAVINE:
- 1 vnaprej pripravljena skorja za pito
- 12 svežih ostrig, oluščenih
- 6 rezin slanine, kuhane in zdrobljene
- 1 skodelica naribanega švicarskega sira
- 4 jajca
- 1 skodelica pol-pol
- Sol in poper po okusu

NAVODILA:
a) Pečico segrejte na 375 °F (190 °C).
b) Skorjo za pito položite v pekač za pito.
c) Po skorji raztresite oluščene ostrige in zdrobljeno slanino.
d) Po vrhu potresemo nariban švicarski sir.
e) V skledi zmešajte jajca, pol-pol, sol in poper.
f) Jajčno zmes prelijemo čez ostrige, slanino in sir.
g) Pečemo 35-40 minut oziroma dokler se quiche ne strdi.
h) Pustite, da se nekoliko ohladi, preden ga narežete in postrežete.

10. Fritata z ostrigami in šparglji

SESTAVINE:
- 12 svežih ostrig, oluščenih
- 1 skodelica narezanih špargljev
- 8 jajc
- 1/2 skodelice naribanega parmezana
- Sol in poper po okusu
- 2 žlici olivnega olja

NAVODILA:
a) Pečico segrejte na 375 °F (190 °C).
b) V ponvi, primerni za pečico, na oljčnem olju prepražite šparglje, dokler se rahlo ne zmehčajo.
c) V ponev dodamo oluščene ostrige in jih kuhamo nekaj minut.
d) V skledi zmešajte jajca, parmezan, sol in poper.
e) Šparglje in ostrige prelijemo z jajčno mešanico.
f) Nekaj minut kuhajte na štedilniku, nato prestavite v pečico.
g) Pecite, dokler se fritaja ne strdi in zlato rjavo zapeče.
h) Narežemo in postrežemo.

11. Piškoti za zajtrk z ostrigami in čedarjem

SESTAVINE:
- 8 piškotov, razdeljenih in popečenih
- 16 svežih ostrig, rahlo poširanih
- 1 skodelica naribanega cheddar sira
- 1/2 skodelice majoneze
- 1 žlica dijonske gorčice
- Svež koper za okras

NAVODILA:
a) V skledi zmešajte narezan cheddar, majonezo in dijonsko gorčico.
b) Vsako polovico popečenih piškotov namažemo s cheddar mešanico.
c) Na vrh položimo rahlo poširane ostrige.
d) Okrasite s svežim koprom.
e) Postrezite kot odprte sendviče za zajtrk.

12. Palačinke iz ostrig in koruzne moke

SESTAVINE:
- 1 skodelica koruznega zdroba
- 1 skodelica večnamenske moke
- 2 žlički pecilnega praška
- 1/2 čajne žličke soli
- 2 jajci
- 1 skodelica mleka
- 16 svežih ostrig, oluščenih
- Maslo za kuhanje

NAVODILA:
a) V skledi zmešajte koruzni zdrob, moko, pecilni prašek in sol.
b) V drugi skledi stepemo jajca in mleko ter dodamo suhim sestavinam.
c) Segrejte rešetko ali ponev in stopite maslo.
d) Maso za palačinke z žlico naložimo na rešetko in na vsako palačinko položimo oluščeno ostrigo.
e) Kuhajte, dokler se na površini ne naredijo mehurčki, nato obrnite in pecite še drugo stran.
f) Postrezite z javorjevim sirupom ali pekočo omako.

13. Takosi za zajtrk z ostrigami

SESTAVINE:
- 8 majhnih koruznih tortilj
- 16 svežih ostrig, pečenih na žaru ali v ponvi
- 1 skodelica mešanice zeljne solate
- 1/2 skodelice narezanega paradižnika
- Chipotle majoneza za pokapanje
- Svež cilantro za okras

NAVODILA:
a) Koruzne tortilje segrejte v suhi ponvi ali mikrovalovni pečici.
b) Na vsako tortiljo položite na žaru ali v ponvi pečene ostrige.
c) Po vrhu z mešanico zeljne solate in na kocke narezanim paradižnikom.
d) Pokapljajte z majonezo.
e) Okrasite s svežim cilantrom.
f) Postrezite kot okusne takose za zajtrk.

14. Sendvič z ostrigami in dimljenim lososom

SESTAVINE:
- 4 vse žemljice, razrezane in popečene
- 8 unč dimljenega lososa
- 16 svežih ostrig, poširanih ali pečenih na žaru
- Kremasti sir
- Rezine rdeče čebule
- Kapre za okras

NAVODILA:
a) Vsako polovico popečenih bagelov namažemo s kremnim sirom.
b) Na spodnjo polovico položimo rezine dimljenega lososa.
c) Na vrh položite poširane ali pečene ostrige.
d) Dodamo rezine rdeče čebule in kapre.
e) Na vrh položite drugo polovico peciva.
f) Postrezite kot zadovoljiv sendvič z žemljico.

15. Skleda za zajtrk z ostrigami in zdrobom

SESTAVINE:
- 1 skodelica kuhanega zdroba
- 16 svežih ostrig, rahlo poširanih
- 1 skodelica češnjevih paradižnikov, prepolovljena
- 1/4 skodelice zelene čebule, sesekljane
- Pekoča omaka za prelivanje
- Poširana jajca (neobvezno)

NAVODILA:
a) Zdrob skuhamo po NAVODILIH za embalažo:.
b) Kuhan zdrob nadevamo v posodice.
c) Na vrh položite rahlo poširane ostrige, češnjeve paradižnike in zeleno čebulo.
d) Prelijemo s pekočo omako.
e) Po želji dodamo na vrh poširana jajca.
f) Postrežemo toplo.

16. Palačinke za zajtrk z ostrigami in gobami

SESTAVINE:
- 8 palačink (kupljenih ali domačih)
- 16 svežih ostrig, dušenih ali na žaru
- 1 skodelica gob, narezanih
- 1/2 skodelice sira Gruyere, naribanega
- Svež timijan za okras
- Sol in poper po okusu

NAVODILA:
a) V vsako palačinko položimo dušene ali na žaru pečene ostrige in narezane gobe.
b) Čez ostrige in gobe potresemo sir Gruyere.
c) Začinimo s soljo in poprom.
d) Palačinke zložimo in položimo v pekač.
e) Pecite, dokler se sir ne stopi in zapeče.
f) Okrasite s svežim timijanom in postrezite.

PRIGRIZKI IN PREDJEDI

17. Ostrigini kroketi

SESTAVINE:
- ¼ skodelice masla
- ¼ skodelice večnamenske moke
- 1 skodelica mleka
- Sol
- Sveže mlet poper
- 3 žlice masla
- 4 mleta šalotka
- 1 funt mletih gob
- 24 Oluščena in potlačena suha ostriga
- (za cvrtje) rastlinsko olje
- 3 jajca
- Večnamenska moka
- 4 skodelice svežih krušnih drobtin
- Vodna kreša
- Rezine limone

NAVODILA:

a) V težki srednji ponvi na majhnem ognju stopite ¼ skodelice masla.

b) Vmešajte ¼ skodelice moke in mešajte 3 minute. Vmešajte mleko in zavrite. Zmanjšajte ogenj in kuhajte 5 minut, občasno premešajte. Začinimo s soljo in poprom.

c) Stopite 3 žlice masla v močni srednji ponvi na srednje nizkem ognju. Dodajte šalotko in kuhajte, dokler se ne zmehča, občasno premešajte približno 5 minut. Dodamo gobe, povečamo ogenj in med občasnim mešanjem kuhamo, dokler vsa tekočina ne izpari, približno 10 minut. Začinimo s soljo in poprom. Gobjo zmes vmešamo v omako. Kul.

d) Ponev segrejte na srednje močnem ognju. Dodajte ostrige in premešajte 2 minuti.

e) Kul.

f) Segrejte olje na 425 stopinj. v cvrtniku ali težki veliki ponvi. Stepite jajca, da jih zmešate z 1 žlico rastlinskega olja. Okrog vsake ostrige nanesite omako in oblikujte obliko cigare. Potresemo v moko in stresemo odvečno. Potopite v jajčno mešanico. Povaljamo v krušnih drobtinah. Pražite v serijah do zlato rjave barve, približno 4 minute. Odstranite z žlico z režami in odcedite na papirnatih brisačah.

g) Krokete razporedite po krožniku. Okrasite z vodno krešo in limono.

18. Ostrige in paradižnikova brusketa

SESTAVINE:
- 1 francoska bageta, narezana in popečena
- 2 skodelici češnjevih paradižnikov, prepolovljenih
- 16 svežih ostrig, poširanih ali pečenih na žaru
- Balzamična glazura za prelivanje
- Listi sveže bazilike za okras

NAVODILA:
a) V skledi zmešamo češnjeve paradižnike s soljo in poprom.
b) Na vrh vsake popečene rezine bagete položite poširane ali pečene ostrige.
c) Na ostrige z žlico naložimo začinjene paradižnike.
d) Prelijemo z balzamično glazuro in okrasimo z listi sveže bazilike.
e) Postrezite kot čudovito brusketo.

19. Oyster Sushi Rolls

SESTAVINE:
- 4 listi nori (morske alge)
- 2 skodelici riža za suši, kuhanega in začinjenega
- 16 svežih ostrig, narezanih
- 1 kumara, julien
- Sojina omaka za namakanje
- Vložen ingver za serviranje

NAVODILA:
a) Položite list norija na bambusovo podlogo za suši.
b) Po noriju razporedite tanko plast riža za suši.
c) Na riž razporedite rezine svežih ostrig in julienirane kumare.
d) Suši tesno zvijte in narežite na koščke.
e) Postrezite s sojino omako in vloženim ingverjem.

20. Crostini z ostrigami in modrim sirom

SESTAVINE:
- Rezine bagete, popečene
- 16 svežih ostrig, rahlo poširanih ali pečenih na žaru
- 1/2 skodelice modrega sira, zdrobljenega
- Med za prelivanje
- Sesekljani orehi za okras

NAVODILA:
a) Na popečene rezine bagete položite rahlo poširane ali na žaru pečene ostrige.
b) Po ostrigah potresemo nadrobljen modri sir.
c) Prelijemo z medom.
d) Okrasite s sesekljanimi orehi.
e) Postrezite kot eleganten zajtrk crostini.

21. Cajun ocvrte kozice in ostrige

SESTAVINE:
- 1 funt svežih oluščenih ostrig
- 1 funt jumbo surovih kozic, olupljenih in razrezanih
- 2 jajci, rahlo stepeni ločeno
- ¾ skodelice večnamenske moke
- ½ skodelice rumene koruzne moke
- 2 žlički začimbe Cajun
- ½ čajne žličke limoninega popra

2 skodelici rastlinskega olja za globoko cvrtje

NAVODILA:
a) Ostrige dajte v srednje veliko skledo, kozice pa v posebno skledo.
b) Jajca pokapljamo po kozicah in ostrigah (1 jajce na skledo) in pazimo, da je vse lepo obloženo. Sklede odstavite na stran.
c) V veliko zamrzovalno vrečko z zadrgo dodajte moko, koruzni zdrob, začimbo Cajun in limonin poper. Vrečko pretresite, da se prepričate, da je vse dobro premešano.
d) Dodajte kozico v vrečko in pretresite, da se prekrije, nato odstranite kozico in jih položite na pekač. Zdaj dodajte ostrige v vrečko in ponovite postopek.
e) V cvrtniku ali globoki ponvi segrejte rastlinsko olje na približno 350 do 360 stopinj F. Cvrete kozice, dokler niso zlato rjave barve, približno 3 do 4 minute. Nato ostrige cvremo do zlato rjave barve, približno 5 minut.
f) Morske sadeže položite na krožnik, obložen s papirnato brisačo, da vpije nekaj odvečnega olja. Postrezite s svojo najljubšo omako.

22. Ocvrte ostrige

SESTAVINE:
- 1 pol litra oluščenih ostrig, odcejenih
- 1/2 skodelice večnamenske moke
- 1/2 žličke soli
- 1/4 žličke črnega popra
- 1/4 žličke kajenskega popra
- 2 jajci, pretepeni
- 1 skodelica krušnih drobtin
- Rastlinsko olje, za cvrtje

NAVODILA:
a) V plitvi posodi zmešajte moko, sol, črni poper in kajenski poper.
b) V drugi plitvi posodi stepemo jajca.
c) V tretjo plitko posodo damo krušne drobtine.
d) Vsako ostrigo najprej pomočite v mešanico moke, nato v stepena jajca in nazadnje v krušne drobtine, odvečno otresite.
e) V veliki ponvi na srednje močnem ognju segrejte rastlinsko olje.
f) Ostrige cvremo v serijah, približno 2-3 minute na stran ali dokler ne postanejo zlato rjave in hrustljave.
g) Ocvrte ostrige odcedimo na s papirnato brisačo obloženem krožniku.
h) Postrezite vroče z rezinami limone in tatarsko omako.

23. Ostrige in habanero ceviche

SESTAVINE:
- 8 oluščenih svežih ostrig
- 1 žlica sesekljanega cilantra
- 1 žlica drobno narezanega paradižnika
- ¼ čajne žličke pireja Habanero
- ½ pomaranče; vrhovni
- ¼ skodelice sveže iztisnjenega pomarančnega soka
- 1 žlica sveže iztisnjenega limoninega soka
- Sol in poper

NAVODILA:
a) Združite vse sestavine v skledi.
b) Začinimo s soljo in poprom.
c) Postrezite v polovicah ostrig.

24. Ugrizi slanine in ostrig

SESTAVINE:
- 8 rezin Slanina
- ½ skodelice Z zelišči začinjen nadev
- 1 pločevinka (5 oz) ostrige; sesekljan
- ¼ skodelice voda

NAVODILA:
a) Pečico segrejte na 350ø. Rezine slanine prerežemo na pol in rahlo pokuhamo. NE PREKUHAJTE.
b) Slanina mora biti dovolj mehka, da se zlahka valja po kroglicah. Zmešajte nadev, ostrige in vodo.
c) Zvaljajte v kroglice velikosti grižljaja, približno 16.
d) Kroglice zavijte v slanino. Pečemo pri 350ø 25 minut. Postrežemo toplo.

25. Ostrige in kaviar

SESTAVINE:
- 2 funta morskih alg
- 18 Ostrige, na polovici lupine
- 2 kapestosi
- 2 unči črnega kaviarja
- 2 limoni

NAVODILA:
a) Razporedite morske alge v ravno košaro. Ohlajene ostrige v lupinah razporedimo po algah. Čebulo narežemo na tanko na kolobarje.
b) Na vsako ostrigo potresemo 2 ali 3 kose. Vsako prelijemo s kančkom kaviarja. Postrezite zelo hladno, skupaj s svežimi, tanko narezanimi rezinami limone. Dodamo dobro ohlajen šampanjec.

26.Spomladanski zavitki Oyster

SESTAVINE:
- 3 veliki zavitki spomladanskih zvitkov
- 6 vodnih kostanjev, drobno sesekljanih
- 1 rezina ingverja, drobno narezana
- 3 mlade čebule, drobno sesekljane (vključno z zelenimi vršički)
- Nekaj kapljic sezamovega olja
- 1 čajna žlička svetle sojine omake
- 24 ostrig, ki so zdrsnile iz lupin
- Rastlinsko olje

NAVODILA:
a) Vsak zavitek spomladanske zavitke razrežite na četrtine.
b) V posodi za mešanje zmešajte drobno sesekljan vodni kostanj, ingver in mlado čebulo. Dodajte nekaj kapljic sezamovega olja in svetlo sojino omako. Dobro premešaj.
c) Nežno zložite ostrige in se prepričajte, da so dobro prevlečene z začimbami.
d) Mešanico za ostrige enakomerno porazdelite med kvadrate spomladanskih zvitkov.
e) Vsak spomladanski zavitek previdno zvijte, tako da ga prepognete ob straneh, da zajame nadev. Robove ovojev namažite z vodo, da jih zaprete.
f) V globoki ponvi ali loncu segrejte veliko rastlinskega olja za cvrtje.
g) Na vročem olju cvremo spomladanske zavitke 2-3 minute oziroma toliko časa, da zlato porjavijo in hrustljavo zapečejo.
h) Pomladne zavitke poberemo iz olja in jih odcedimo na zmečkanem kuhinjskem papirju, da odstranimo odvečno olje.
i) Spomladanske zvitke iz ostrig postrezite takoj.
j) Uživajte v okusnih spomladanskih zavitkih Oyster!

27. Tempura ocvrte ostrige

SESTAVINE:
- 12 svežih ostrig
- Rastlinsko olje, za cvrtje
- 1 skodelica večnamenske moke
- ½ skodelice koruznega škroba
- ½ čajne žličke soli
- 1 skodelica ledeno mrzle vode
- Sojina omaka ali tatarska omaka, za serviranje
- Neobvezni dodatki: sezamova semena, zelena čebula ali rezine limone

NAVODILA:
a) Začnite tako, da ostrige oluščite in jih odstranite iz lupin. Vse ostrige, ki so se odprle ali niso videti sveže, zavrzite.
b) Oluščene ostrige sperite pod mrzlo vodo in jih osušite s papirnatimi brisačkami. Postavite jih na stran.
c) V cvrtniku ali velikem loncu segrejte rastlinsko olje na približno 350 °F (175 °C).
d) V skledi za mešanje zmešajte večnamensko moko, koruzni škrob in sol. Postopoma dodajte ledeno mrzlo vodo in nežno mešajte, dokler ne dobite gladke konsistence testa. Pazite, da ne premešate; v redu je, če je nekaj grudic.
e) Vsako ostrigo pomočite v testo in zagotovite, da je enakomerno prevlečeno. Pustite, da odvečno testo odteče, preden ostrigo previdno položite v vroče olje.
f) Ostrige cvrete v serijah in pazite, da ne prenatrpate cvrtnika ali lonca. Kuhamo jih približno 2-3 minute oziroma dokler testo za tempuro ne postane zlato in hrustljavo.
g) Ko so ostrige kuhane, jih z žlico z režami ali kleščami odstranite iz olja in preložite na krožnik, obložen s papirnatimi brisačkami. To bo pomagalo absorbirati odvečno olje.
h) Postopek ponavljamo s preostalimi ostrigami, dokler niso vse kuhane.
i) Ocvrte ostrige tempura postrezite vroče kot predjed ali glavno jed.
j) Uživate jih lahko takšne, kot so, ali pa jih postrežete s sojino omako ali tatarsko omako za namakanje.
k) Po vrhu potresemo sezamovo seme ali zeleno čebulo za dodaten okus in okras. Zraven lahko postrežete tudi rezine limone za citrusni piko na i.

28. Klasične ostrige Rockefeller

SESTAVINE:
- 24 svežih ostrig, oluščenih
- 1/2 skodelice masla
- 1/2 skodelice drobtin
- 1/2 skodelice naribanega parmezana
- 1/4 skodelice sesekljanega peteršilja
- 2 stroka česna, nasekljana
- 1 žlica limoninega soka
- Sol in poper po okusu

NAVODILA:
a) Pečico segrejte na 450 °F (230 °C).
b) V ponvi stopite maslo in na njem prepražite česen, da zadiši.
c) V ponev dodajte drobtine, parmezan, peteršilj, limonin sok, sol in poper. Dobro premešaj.
d) Oluščene ostrige položimo na pekač.
e) Vsako ostrigo prelijte z mešanico krušnih drobtin.
f) Pečemo 10-12 minut oziroma dokler preliv ni zlato rjav.
g) Postrezite toplo.

29. Oyster Shooters

SESTAVINE:
- 12 svežih ostrig, oluščenih
- 1 skodelica paradižnikovega soka
- 1/4 skodelice vodke
- 1 žlica pekoče omake
- 1 žlica hrena
- Limonine rezine za okras

NAVODILA:
a) V skledi zmešamo paradižnikov sok, vodko, pekočo omako in hren.
b) Oluščeno ostrigo položite v kozarec.
c) Mešanico paradižnikovega soka prelijemo čez ostrige.
d) Okrasite z rezino limone.
e) Postrežemo ohlajeno.

30. Predjedi z ostrigami in slanino

SESTAVINE:
- 16 svežih ostrig, oluščenih
- 8 rezin slanine, prerezanih na pol
- Zobotrebci

NAVODILA:
a) Pečico segrejte na 400°F (200°C).
b) Vsako oluščeno ostrigo ovijte s polovico rezine slanine in pritrdite z zobotrebcem.
c) V slanino ovite ostrige položimo na pekač.
d) Pečemo 12-15 minut oziroma toliko časa, da slanina hrustljavo zapeče.
e) Postrezite vroče kot čudovite predjedi z ostrigami, zavite v slanino.

31. Začinjena ostriga Dip

SESTAVINE:
- 1 skodelica majoneze
- 1/4 skodelice pekoče omake
- 1 žlica limoninega soka
- 1 čajna žlička Worcestershire omake
- 16 svežih ostrig, oluščenih in narezanih
- 1/4 skodelice zelene čebule, sesekljane
- Tortilja čips ali krekerji za serviranje

NAVODILA:
a) V skledi zmešajte majonezo, pekočo omako, limonin sok in Worcestershire omako.
b) Vmešajte sesekljane ostrige in zeleno čebulo.
c) Hladimo vsaj 30 minut, da se okusi prepojijo.
d) Pikantno omako iz ostrig postrezite s tortiljinim čipsom ali krekerji.

32.Kanapeji iz ostrig in kumar

SESTAVINE:
- 16 svežih ostrig, oluščenih
- 1 kumara, narezana na tanke rezine
- Kremasti sir
- Vejice kopra za okras
- Limonina lupina

NAVODILA:
a) Na vsako rezino kumare namažite kremni sir.
b) Na kremni sir položimo oluščeno ostrigo.
c) Okrasite z vejicami kopra in potresite z limonino lupinico.
d) Postrežemo kot osvežilne kanapeje.

33. Salsa tostadas z ostrigami in mangom

SESTAVINE:
- 16 svežih ostrig, oluščenih
- 8 majhnih školjk tostada
- 1 skodelica manga, narezanega na kocke
- 1/2 skodelice rdeče čebule, drobno sesekljane
- 1/4 skodelice cilantra, sesekljanega
- Rezine limete za okras

NAVODILA:
a) Na vsako lupino tostade položite oluščene ostrige.
b) V skledi zmešajte na kocke narezan mango, rdečo čebulo in koriander.
c) Na ostrige z žlico prelijte mangovo salso.
d) Okrasite z rezinami limete.
e) Postrezite kot živahne tostada predjedi.

34. Ostrige in Pesto Crostini

SESTAVINE:
- Rezine bagete, popečene
- 16 svežih ostrig, oluščenih
- Pesto omaka
- Češnjev paradižnik, prepolovljen
- Balzamična glazura za prelivanje

NAVODILA:
a) Vsako popečeno rezino bagete namažite s plastjo pesto omake.
b) Na pesto položimo oluščeno ostrigo.
c) Okrasimo s prepolovljenimi češnjevimi paradižniki.
d) Prelijemo z balzamično glazuro.
e) Postrezite kot okusen pesto crostini.

35.Jalapeño poppers z ostrigami in slanino

SESTAVINE:
- 16 svežih ostrig, oluščenih
- 8 jalapeño paprik, prepolovljenih in brez semen
- Kremasti sir
- 8 rezin slanine, prerezanih na pol
- Zobotrebci

NAVODILA:
a) Pečico segrejte na 375 °F (190 °C).
b) Vsako polovico jalapeña namažite s kremnim sirom.
c) Na kremni sir položimo oluščeno ostrigo.
d) Vsak jalapeño ovijte s polovico rezine slanine in pritrdite z zobotrebcem.
e) Pečemo 20-25 minut oziroma toliko časa, da slanina hrustljavo zapeče.
f) Postrezite vroče kot začinjene ostrigine jalapeño poppers.

36. Guacamole z ostrigami in mangom

SESTAVINE:
- 16 svežih ostrig, oluščenih in narezanih na kocke
- 2 zrela avokada, pretlačena
- 1 mango, narezan na kocke
- 1/4 skodelice rdeče čebule, drobno sesekljane
- 1/4 skodelice cilantra, sesekljanega
- Sok limete
- Tortilja čips za serviranje

NAVODILA:
a) V skledi zmešajte na kocke narezane ostrige, pretlačen avokado, na kocke narezan mango, rdečo čebulo in koriander.
b) Čez mešanico stisnite limetin sok in dobro premešajte.
c) Guacamole z ostrigo in mangom postrezite s tortiljinimi čipsi.

37. Gobe, polnjene z ostrigami in kozjim sirom

SESTAVINE:
- 16 svežih ostrig, oluščenih
- 16 večjih gob, očiščenih in odstranjenih pecljev
- 4 unče kozjega sira
- 2 žlici krušnih drobtin
- Listi svežega timijana za okras
- Olivno olje za pokapanje

NAVODILA:
a) Pečico segrejte na 375 °F (190 °C).
b) V skledi zmešamo kozji sir in drobtine.
c) Vsako gobo nadevajte z mešanico kozjega sira.
d) Na vsako nadevano gobo položimo oluščeno ostrigarjo.
e) Pokapljamo z oljčnim oljem.
f) Pečemo 15-20 minut oziroma dokler se gobe ne zmehčajo.
g) Okrasite s svežimi listi timijana.
h) Postrežemo toplo.

38. Nabodala iz ostrig in ananasa

SESTAVINE:
- 16 svežih ostrig, oluščenih
- 1 skodelica ananasovih koščkov
- 1 rdeča paprika, narezana na kvadratke
- Lesena nabodala, namočena v vodi
- Teriyaki glazura za prelivanje

NAVODILA:
a) Na vsako nabodalo navijte košček ananasa, kvadrat rdeče paprike in oluščeno ostrigo.
b) Ponovite za vsa nabodala.
c) Nabodala pecite na žaru ali v pečici, dokler niso ostrige kuhane.
d) Prelijemo s teriyaki glazuro.
e) Postrezite kot okusna nabodala iz ostrig in ananasa.

39. Zvitki z ostrigami in pršutom

SESTAVINE:
- 16 svežih ostrig, oluščenih
- 8 rezin pršuta, po dolžini prepolovljenih
- Listi sveže bazilike
- Zobotrebci

NAVODILA:
a) Pečico segrejte na 400°F (200°C).
b) Vsako oluščeno ostrigo ovijemo z lističem bazilike, nato s polovico rezine pršuta.
c) Zavarujte z zobotrebci.
d) Zvitke položimo na pekač.
e) Pečemo 10-12 minut oziroma toliko časa, da pršut hrustljavo zapeče.
f) Postrezite vroče kot elegantne ostrige in pršutove zvitke.

40. Ceviche z ostrigami in mangom

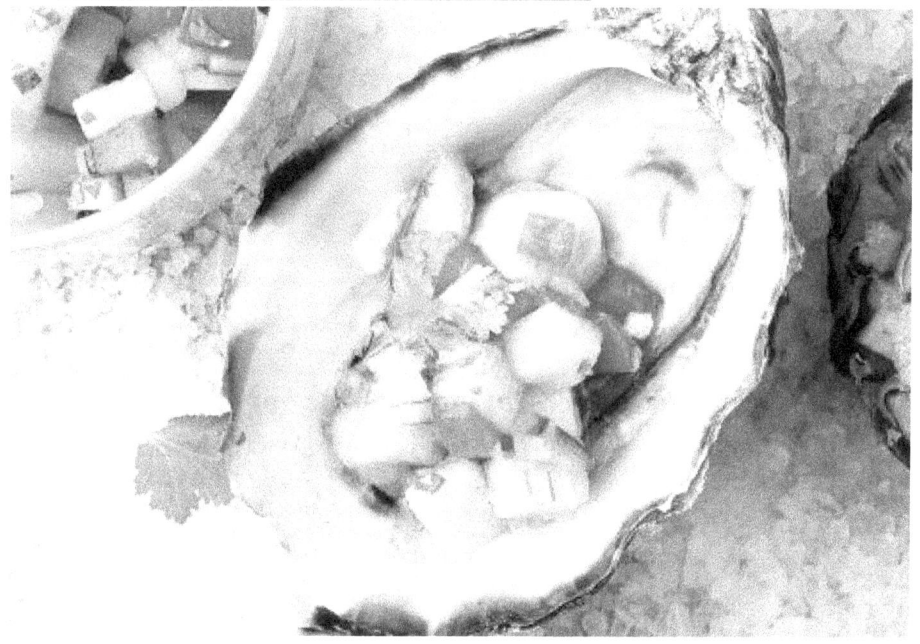

SESTAVINE:
- 16 svežih ostrig, oluščenih in narezanih na kocke
- 1 mango, narezan na kocke
- 1 kumara, narezana na kocke
- 1/4 skodelice rdeče čebule, drobno sesekljane
- 1 jalapeño, mleto
- Svež cilantro, sesekljan
- Sok limete
- Tortilja čips za serviranje

NAVODILA:
a) V skledi zmešajte na kocke narezane ostrige, mango, kumare, rdečo čebulo, jalapeño in koriander.
b) Čez mešanico stisnite limetin sok in dobro premešajte.
c) Hladimo vsaj 30 minut, da se okusi prepojijo.
d) Ceviche z ostrigami in mangom postrezite s tortiljinimi čipsi.

41. Ostrige in česnovo maslo Escargot Style

SESTAVINE:
- 16 svežih ostrig, oluščenih
- 1/2 skodelice nesoljenega masla, zmehčanega
- 4 stroki česna, sesekljani
- 2 žlici svežega peteršilja, sesekljanega
- Rezine bagete, popečene

NAVODILA:
a) Pečico segrejte na 425 °F (220 °C).
b) V skledi zmešamo zmehčano maslo, sesekljan česen in sesekljan peteršilj.
c) Na vsako oluščeno ostrigo položite žličko mešanice česnovega masla.
d) Pečemo 10-12 minut ali dokler se maslo ne stopi in postane mehurčasto.
e) Postrezite s popečenimi rezinami bagete.

42. Ostrige na španski način

SESTAVINE:
- 6 svežih ostrig
- 1/2 drobno sesekljane klobase chorizo
- 1 ocvrta paprika (capsicum), drobno sesekljana
- 1 žlica šerijevega kisa
- Kamena sol (za serviranje)
- Rezine limete (za serviranje)

NAVODILA:
a) Chorizo skuhajte v ponvi, dokler ni hrustljav, nato pa ga prenesite na krožnik, obložen s papirnato brisačo.
b) V skledi zmešajte chorizo, papriko in šeri.
c) Mešanico začinimo in na posteljico iz kamene soli stresemo 6 ostrig.
d) Postrezite z rezinami limete.

43. Ponzu ostrige

SESTAVINE:
- 6 svežih ostrig
- 1 žlica sojine omake
- 1 žlica začimbe mirin
- 2 žlički limoninega soka
- 2 žlički pomarančnega soka
- Kodri mlade čebule, pomarančna lupinica, pražena sezamova semena (za okras)
- Kamena sol (za serviranje)

NAVODILA:
a) V skledi zmešajte sojino omako, mirin, limonin sok in pomarančni sok.
b) Mešanico nanesite na 6 ostrig na posteljico iz kamene soli.
c) Okrasite z zvitki mlade čebule, pomarančno lupinico in opečenimi sezamovimi semeni.

44. Minjonete Ostrige

SESTAVINE:
- 6 svežih ostrig
- 2 šalotki, drobno sesekljani
- 2 žlici belega vinskega kisa
- 2 žlici rdečega vinskega kisa
- 1/2 žličke sladkorja
- 1/2 žličke soli
- Kamena sol (za serviranje)

NAVODILA:
a) V posodi zmešajte šalotko, beli vinski kis, rdeči vinski kis, sladkor in sol.
b) Pustite, da se namaka 15 minut, nato z žlico položite 6 ostrig na posteljico iz kamene soli.

45. Granita ostrige s kumarami in ličijem

SESTAVINE:
- 6 svežih ostrig
- 1/2 skodelice ličija brez koščic v sirupu
- 1 libanonska kumara, sesekljana
- 1/4 skodelice limetinega soka
- Kamena sol (za serviranje)

NAVODILA:
a) Zmešajte liči, kumare in limetin sok do gladkega.
b) Mešanico zamrzujte za 2 uri, nato strgajte in mešajte z vilicami, dokler se ne zdrobi.
c) Z žlico prelijte 6 ostrig na posteljico iz kamene soli.

46. Salsa Verde ostrige

SESTAVINE:
- 6 svežih ostrig
- 1/2 stroka česna, strtega
- 2 žlički kopra, drobno sesekljan
- 2 žlički mete, drobno sesekljane
- 2 žlički majhnih kaper, drobno sesekljanih
- 2 žlički drobnjaka, drobno sesekljanega
- 1 1/2 žličke limoninega soka
- 2 žlici olivnega olja
- Kamena sol (za serviranje)

NAVODILA:
a) V skledi zmešajte česen, koper, meto, kapre, drobnjak, limonin sok in oljčno olje.
b) Z žlico prelijte 6 ostrig na posteljico iz kamene soli.

47. Kilpatrick Oysters

SESTAVINE:
- 6 svežih ostrig
- 2 drobno narezana rezka slanine
- 2 žlici Worcestershire omake
- 1/4 žličke omake Tabasco
- Kamena sol (za serviranje)

NAVODILA:
a) Slanino skuhajte, dokler ni hrustljava, nato pa jo premešajte z worcestrsko omako in tabaskom.
b) Z žlico prelijte 6 ostrig na posteljico iz kamene soli.

48. Gin & Tonic Ostrige

SESTAVINE:
- 6 svežih ostrig
- 2 žlici gina
- 2 žlici tonika
- 1/2 libanonske kumare, brez semen, drobno sesekljane
- Kamena sol (za serviranje)

NAVODILA:
a) V skledi zmešajte gin, tonik in kumaro.
b) Z žlico prelijte 6 ostrig na posteljico iz kamene soli.

49. Jabolčne ostrige

SESTAVINE:
- 6 svežih ostrig
- 1/2 jabolka Granny Smith, narezanega na vžigalice
- 1 žlica jabolčnega kisa
- 1 žlička medu
- 1/2 žličke soli
- Kamena sol (za serviranje)

NAVODILA:
a) V skledi zmešajte jabolko, jabolčni kis, med in sol.
b) Z žlico prelijte 6 ostrig na posteljico iz kamene soli.

OMREŽJE

50. Ostrigini rezanci

SESTAVINE:
- 8 unč mee sua (tanki pšenični vermicelli rezanci)
- 2 skodelici piščančje ali zelenjavne juhe
- 1 skodelica ostrig, oluščenih in odcejenih
- ¼ skodelice narezane svinjine ali piščanca
- 2 stroka česna, nasekljana
- 1 žlica sojine omake
- 1 žlica ostrigine omake
- 1 žlica sezamovega olja
- Sesekljana zelena čebula (za okras)

NAVODILA:
a) Skuhajte mee sua rezance po navodilih na embalaži. Odcedimo in odstavimo.
b) V loncu segrevajte piščančjo ali zelenjavno juho, dokler ne zavre.
c) V ločeni ponvi segrejte nekaj olja in prepražite sesekljan česen, da zadiši.
d) V ponev dodajte narezano svinjino ali piščanca in kuhajte, dokler ni kuhano.
e) V ponev dodamo ostrige in jih na kratko pokuhamo, da se začnejo zvijati.
f) Vmešajte sojino omako, ostrigino omako in sezamovo olje.
g) Kuhane mee sua rezance razdelite v servirne sklede.
h) Vročo juho prelijemo po rezancih.
i) Na rezance potresemo mešanico ostrig in mesa.
j) Okrasite s sesekljano zeleno čebulo.
k) Ô-Á Mī-Sòa postrezite vročo kot okusno jed z ostrigovimi rezanci.

51. Ostrigova enolončnica

SESTAVINE:
- 1 liter oluščenih ostrig
- 2 skodelici sesekljane čebule
- 1 ½ skodelice sesekljane zelene
- ¾ skodelice nesoljenega masla
- ½ skodelice večnamenske moke
- 2 skodelici pol in pol smetane
- 2 žlički mletega svežega peteršilja
- 1 čajna žlička soli
- ½ čajne žličke posušenega timijana
- ¼ čajne žličke črnega popra
- ⅛ čajne žličke kajenskega popra
- 4 stepene rumenjake
- 2 skodelici zdrobljenih krekerjev Ritz

NAVODILA:
a) Ostrige odcedite, pijačo iz ostrig pa shranite v majhni skledi. V veliki ponvi na srednjem ognju dodajte čebulo, zeleno in ½ skodelice masla. Pražite 6 minut ali dokler se zelenjava ne zmehča.
b) V ponev dodajte večnamensko moko. Nenehno mešamo in kuhamo 1 minuto. Med nenehnim mešanjem počasi dodajamo pol in pol smetane. Nadaljujte z mešanjem in kuhajte približno 2 minuti ali dokler se omaka ne zgosti in začne mehurčiti.
c) Ogenj zmanjšajte na nizko. Dodajte peteršilj, sol, timijan, črni poper, kajenski poper in rezervirano ostrigino tekočino. Nenehno mešamo in kuhamo 2 minuti. V manjšo skledo dodamo stepene rumenjake. Jajcem dodajte 1 žlico omake. Mešajte, dokler se ne združi. K rumenjakom dodamo še eno žlico omake.
d) Mešajte, dokler se ne združi. Dodajte rumenjake v ponev in mešajte, dokler se ne povežejo. Ponev odstavimo z ognja.
e) Pekač 9 x 13 poškropite s pršilom za kuhanje proti prijemanju. Pečico segrejte na 400°. Polovico omake razporedimo po pekaču.
f) Polovico ostrig razporedimo po omaki. Po vrhu potresemo polovico krekerjev Ritz. Ponovite korake nanosa plasti še 1-krat.
g) V posodo za mikrovalovno pečico dodajte ¼ skodelice masla. Postavite v mikrovalovno pečico 30 sekund ali dokler se maslo ne stopi. Odstranite iz mikrovalovne pečice in potresite maslo po vrhu drobtin krekerja. Pečemo 25 minut ali dokler enolončnica ne postane mehurčkasta in zlato rjava.
h) Odstranite iz pečice in pustite enolončnico počivati 10 minut, preden jo postrežete.

52.Jambalaya z ostrigami in klobasami

SESTAVINE:
- 16 svežih ostrig, oluščenih
- 1 skodelica andouille klobase, narezane na rezine
- 1 čebula, narezana na kocke
- 1 paprika, narezana na kocke
- 2 stebli zelene, narezani na kocke
- 2 skodelici dolgozrnatega belega riža
- 4 skodelice piščančje juhe
- 1 pločevinka (14 unč) narezanega paradižnika
- 2 žlički začimbe Cajun
- Zelena čebula za okras

NAVODILA:
a) V velikem loncu rjavo narezano klobaso andouille.
b) Dodamo na kocke narezano čebulo, papriko in zeleno ter pražimo, dokler se zelenjava ne zmehča.
c) Vmešajte dolgozrnati beli riž, na kocke narezan paradižnik in začimbo Cajun.
d) Zalijemo s piščančjo juho in zavremo.
e) Ogenj zmanjšamo na nizko, pokrijemo in dušimo, dokler riž ni kuhan.
f) Dodajte oluščene ostrige in kuhajte, dokler se robovi ne zavihajo.
g) Okrasite s sesekljano zeleno čebulo.
h) Postrezite toplo.

53. Ostrigino enolončnico

SESTAVINE:
- 4 žlice (½ palčke) masla, narezanega na majhne koščke
- Sok ½ limone (približno 1½ žlice)
- 12 do 24 ostrig na polovici lupine
- 2 skodelici polnomastnega mleka
- 1 skodelica težke smetane
- 1 skodelica ribje osnove
- 2 žlici paprike
- ½ čajne žličke kajenskega popra

NAVODILA:
a) Predgrejte žar.
b) V vsako lupino ostrige položite košček masla in kapljico limone. Položite na žar in zaprite pokrov. Kuhajte 5 do 6 minut oziroma dokler se maslo ne stopi. Izklopite ogenj in pustite pokrov zaprt.
c) Medtem zavrite mleko, smetano, osnovo, papriko in kajensko papriko, če jo uporabljate, v 4-litrski ponvi na srednje močnem ognju. Takoj zmanjšajte ogenj na nizko in pustite vreti 10 minut. Pazimo, da se mleko ne zažge.
d) Odstranite ostrige z žara in jih skupaj s sokom nežno dodajte v lonec. Mešajte 1 minuto, prenesite v sklede in postrezite vroče.

54. Losos z ostrigami in morskimi algami

SESTAVINE:

- 1 žlica posušene morske alge Hijiki
- 2 žlički olja grozdnih pešk
- 4 kosi lososa s kožo
- 1 sol, po okusu
- 1 sveže mlet beli poper, po okusu
- 2 žlici masla
- ½ skodelice na kolobarje narezanega pora
- 1 žlica konzerviranega ingverja
- 1 žlica riževega kisa
- 3 žlice mirina
- ⅔ skodelice ribje osnove
- 28 ostrig
- 1 žlica shiso

NAVODILA:

a) Hijiki alge namočite v hladno vodo za 20 minut. Odcedimo in odstavimo. V ponvi segrejemo olje.

b) Zarežite kožo na vrhu lososa, da preprečite, da bi se losos upognil. Lososa začinimo s soljo in belim poprom. Ko se ponev kadi, lososa dušite 1½ minute.

c) Obrnite in nadaljujte s kuhanjem 35 sekund. Odstranite iz pekača. V isti ponvi raztopimo 1 žlico masla, dodamo por in zmanjšamo ogenj. Por dušimo 2 minuti.

d) Dodamo konzerviran ingver in deglaziramo z riževim kisom. Dodajte mirin in ribjo osnovo, zavrite in odstavite z ognja. Vmešajte alge hijiki in ostrige ter pustite, da se ostrige segrejejo.

e) Dodamo šiso, vmešamo preostalo maslo ter začinimo s soljo in belim poprom.

f) Za sestavljanje enakomerno naložite ostrige in por v plitvo skledo. Položite lososa na vrh in žlico v juho.

55.Ostrigina juha

SESTAVINE:
- 1 manjša čebula narezana na kocke
- 1/8 skodelice mletega česna
- 1/2 skodelice majhne kocke zelene
- 1/2 skodelice majhnega koromača
- 1/2 skodelice belega vina
- 32 unč zaloge školjk (v pločevinkah ali svežih)
- 2 vejici timijana, sesekljan
- 8 unč evaporiranega mleka
- 16 srednje velikih ostrig, oluščenih in shranjeno tekočino
- 1/2 skodelice mletega drobnjaka
- 1 skodelica slanine (neobvezno)
- Sol in poper
- 4 rezine limone
- Ostrigini krekerji (priporočeno) ali kruh na žaru po želji

NAVODILA:
a) Če uporabljate slanino, jo skuhajte na srednje nizkem ognju in odstranite, ko je hrustljava. Dodajte in popite zelenjavo v slanini (če ne uporabljate slanine, uporabite 2 žlici ekstra deviškega oljčnega olja). Ne pozabite začiniti zelenjave z malo soli in popra. Kuhajte približno 5 minut.
b) Ko je čebula prosojna, dodajte belo vino in prepolovite.
c) Dodajte sesekljan timijan in osnovo školjk; dušimo 30 minut do 1 ure, odvisno od želene koncentracije jušne osnove. Dodajte ostrigin sok in prilagodite začimbe.
d) Dodamo ostrige in pražimo 1 minuto. Dodamo slanino in drobnjak. Odstranite z ognja in vmešajte evaporirano mleko.
e) Postrezite z rezino limone, ostriginimi krekerji ob strani in/ali kruhom na žaru

56. Preproste ostrige na žaru

SESTAVINE:
- 4 ducate ostrig, očiščenih
- Limonine rezine
- 1 C masla
- 1 žlička začinjene soli
- 1 žlička limoninega popra

NAVODILA:
a) Predgrejte žar na pelete na 350 F.
b) Stopite maslo z začinjeno soljo in limoninim poprom ter dobro premešajte. Dušimo 10 minut.
c) Ostrige, neoluščene, položite na žar za pelete.
d) Ko se lupine odprejo (3-5 minut), z nožem za ostrige odstranite ostrigo z vrhnje lupine in jo potisnite nazaj v skodelico z vročo pijačo iz ostrig. Zavrzite pokrov.
e) Dodamo žličko začinjenega masla in postrežemo.

57. Česnove ostrige Asiago

SESTAVINE:
- 1 lb sladke smetane masla
- 1 žlica mleti česen
- 2 ducata svežih ostrig
- ½ skodelice naribanega sira Asiago
- Francoski kruh, pogret
- ¼ skodelice drobnjaka, narezanega na kocke

NAVODILA:

a) Zaženite žar na pelete in segrejte na srednje visoko.
b) Na srednje močnem ognju stopite maslo. Zmanjšajte ogenj na nizko in vmešajte česen.
c) Kuhajte 1 minuto in odstranite z ognja.
d) Ostrige položite s skodelico navzdol na žar za pelete. Takoj ko se školjke odprejo, jih odstranite z žara.
e) Oluščite ostrige, tako da ostane čim več ostrigine pijače na mestu.
f) Prerežite vezivno mišico in vsako ostrigo vrnite v lupino.
g) Vsako ostrigo pokapljajte z 2 čajnima žličkama maslene mešanice in potresite z 1 čajno žličko sira. Pecite na močnem ognju 3 minute ali dokler sir ne porjavi. Potresemo z drobnjakom.
h) Odstranite z žara na pelete in takoj postrezite s kruhom in preostalim maslom ob strani.

58. Wasabi ostrige

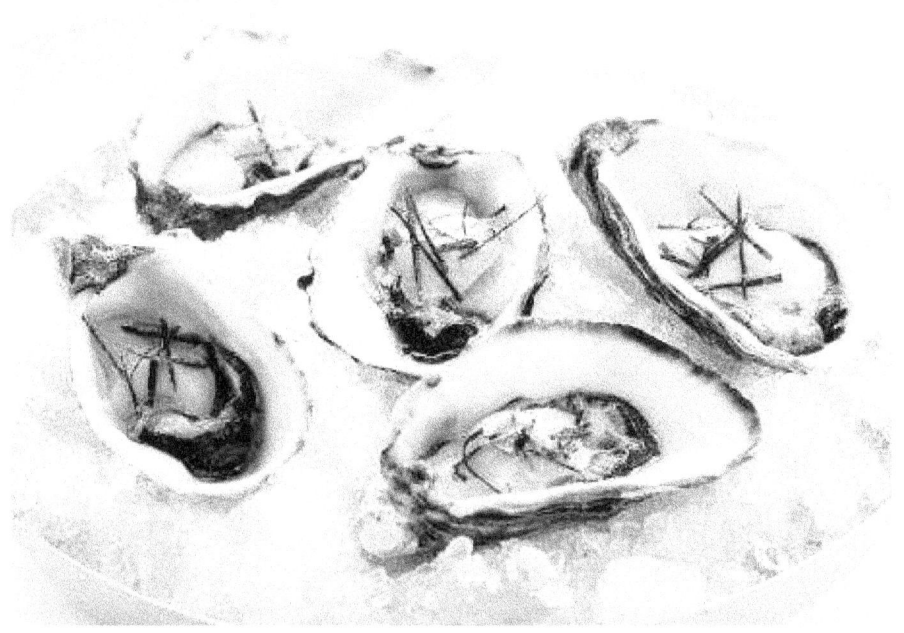

SESTAVINE:
- 12 majhnih pacifiških ostrig, surovih v lupini
- 2 žlici. beli vinski kis
- 8 oz belega vina
- 1/4 C šalotke, mlete
- 2 žlici. wasabi gorčica
- 1 žlica sojina omaka
- 1 C nesoljenega masla, narezanega na kocke
- 1 C sesekljanih listov cilantra
- Sol in črni poper po okusu

NAVODILA:
a) V ponvi na zmernem ognju zmešajte beli vinski kis, vino in šalotko. Dušimo toliko časa, da se tekočina nekoliko zmanjša. Dodajte wasabi gorčico in sojino omako ter premešajte.
b) Na majhnem ognju postopoma vmešamo maslo. Ne pustite, da zmes zavre. vmešajte cilantro in odstavite z ognja.
c) Ostrige kuhajte, dokler se lupine ravno ne odprejo . Ostrige odstranite z žara na pelete in odrežite vezivno mišico z zgornje lupine,
d) Vsako ostrigo (v lupini) zatlačite v grobo sol, da ostane pokončna, nato na vsako z žlico prelijte 1-2 čajni žlički vasabi-maslene omake in takoj postrezite.

59. Rižota z ostrigami in gobami

SESTAVINE:
- 2 skodelici riža Arborio
- 16 svežih ostrig, oluščenih
- 1 skodelica gob, narezanih
- 1/2 skodelice suhega belega vina
- 6 skodelic piščančje ali zelenjavne juhe, segrete
- 1/2 skodelice parmezana, naribanega
- 1/4 skodelice svežega drobnjaka, sesekljanega
- Olivno olje
- Sol in poper po okusu

NAVODILA:
a) V veliki ponvi na oljčnem olju prepražimo gobe, dokler niso mehke.
b) Dodamo riž Arborio in kuhamo, dokler ni rahlo popečen.
c) Zalijemo z belim vinom in kuhamo, dokler se večinoma ne vpije.
d) Postopoma prilivamo segreto juho, zajemalko za zajemalko, ob pogostem mešanju dokler riž ni kremast in kuhan.
e) Zadnjih nekaj minut kuhanja vmešajte oluščene ostrige.
f) Odstranite z ognja, vmešajte parmezan, drobnjak, sol in poper.

60. Začinjene dimljene ostrige

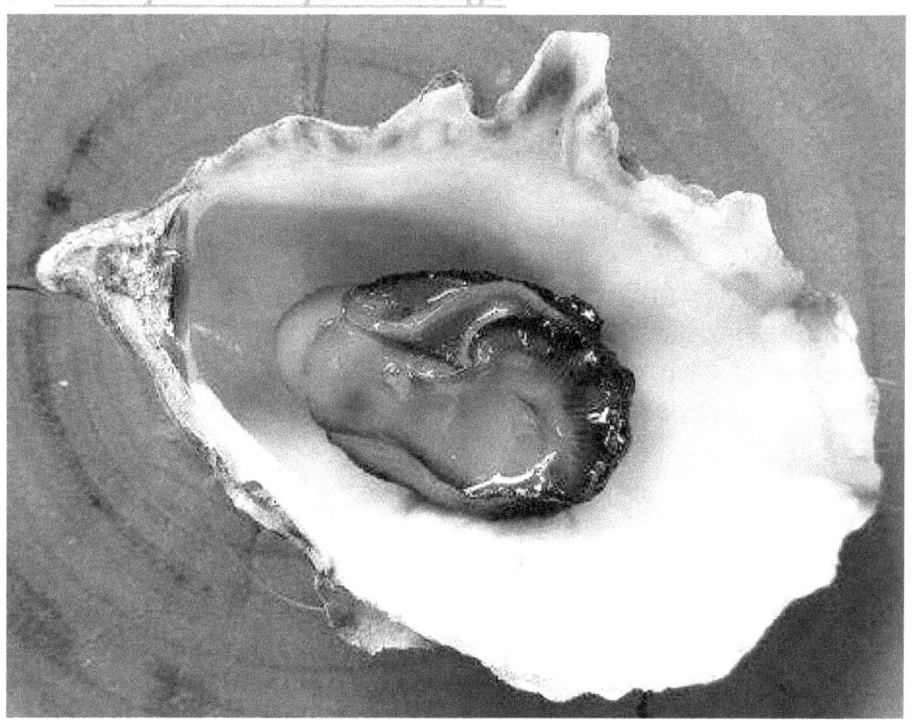

SESTAVINE:
- ½ skodelice sojine omake
- 2 žlici Worcestershire omake
- 1 skodelica trdno pakiranega rjavega sladkorja
- 2 posušena lovorova lista
- 2 stroka česna, nasekljana
- 2 žlički soli in črnega popra
- 1 žlica pekoče omake
- 1 žlica čebule v prahu
- 2 ducata surovih, oluščenih ostrig
- ¼ skodelice olivnega olja
- ½ skodelice (1 palčka) nesoljenega masla
- 1 čajna žlička česna v prahu

NAVODILA:
a) V veliki posodi zmešajte vodo, sojino omako, Worcestershire, sol, sladkor, lovorjev list, česen, poper, pekočo omako in čebulo v prahu.
b) Surove ostrige potopite v slanico in ohladite čez noč.
c) Ostrige položite na neoprijemljivo podlogo za žar, pokapajte z oljčnim oljem in podlogo postavite v kadilnico.
d) Ostrige dimite 1½ do 2 uri, dokler niso čvrste. Postrezite z maslom in česnom v prahu.

61. Ostrige z omako Minjonette

SESTAVINE:
- 12 ostrig
- za omako mignonette
- 3 žlice kakovostnega belega vinskega kisa
- 1 žlička sončničnega olja
- ¼ žličke grobo zdrobljenega belega popra
- 1 žlica zelo tanko narezanih vršičkov mlade čebule

NAVODILA:

a) Če želite odpreti ostrige, ovijte eno roko v kuhinjsko krpo in držite ostrigo v njej tako, da je ploščata lupina na vrhu. Konico noža za ostrige potisnite v tečaj, ki se nahaja na najožjem mestu, in premikajte nož naprej in nazaj, dokler se tečaj ne zlomi in lahko potisnete nož med obe lupini.

b) Zasukajte konico noža navzgor, da dvignete zgornjo lupino, prerežite vez in dvignite lupino.

c) Meso ostrig odstranite iz spodnje lupine in ga odstranite ter poberite morebitne koščke lupine.

d) Sestavine za omako zmešajte tik pred serviranjem. Meso ostrig položite nazaj v školjke in na vsako posebej prelijte malo omake ter postrezite.

62. Ostrige s šampanjcem Sabayon

SESTAVINE:

- 8 ostrig
- za šampanjec sabayon
- 200 ml (7 fl oz) šampanjca
- ščepec sladkorja v prahu
- 3 rumenjaki
- 75 g (3 oz) prečiščenega masla, ogretega
- malo kajenskega popra

NAVODILA:

a) Žar segrejte na visoko. Odprite ostrige in iz vsake odlijte sok. Položite jih, še v lupinah, na velik pekač, pokrijte s folijo za živila in odložite na stran.

b) Šampanjec in sladkor dajte v majhno ponev, zavrite in na hitro zavrite, dokler se ne zmanjša na 4 žlice. Prelijemo v veliko toplotno odporno skledo in pustimo, da se ohladi.

c) Dodamo rumenjake, skledo postavimo nad ponev s komaj vrelo vodo in močno mešamo, dokler se zmes močno ne poveča, postane gosta, rahla in penasta ter pusti za seboj sled, ko jo pokapamo po površini.

d) Odstavite posodo z ognja in zelo počasi vmešajte toplo prečiščeno maslo. Po okusu začinimo z malo soli.

e) Na vsako ostrigo dajte 1 žlico šampanjca sabayon in vsako zelo rahlo potresite z majhnim ščepcem kajenskega popra. Postavite pod žar za približno 30 sekund, dokler rahlo ne porjavijo, nato pa ostrige razdelite na dva krožnika in takoj postrezite.

f) Če želite narediti prečiščeno maslo, ga postavite v majhno ponev in pustite na zelo majhnem ognju, dokler se ne stopi.

63. Globoko ocvrte ostrige s čili-česnovimi konfeti

SESTAVINE:
- 1 (16 unč) posodica majhnih ostrig z lupino
- ½ skodelice riževe moke
- ½ skodelice večnamenske moke, razdeljeno
- ½ čajne žličke pecilnega praška
- Košer sol
- Mleti beli poper
- ¼ čajne žličke čebule v prahu
- ¾ skodelice gazirane vode, ohlajene
- 1 čajna žlička sezamovega olja
- 3 skodelice rastlinskega olja
- 3 veliki stroki česna, narezani na tanke rezine
- 1 majhen rdeč čili, na drobno narezan
- 1 majhen zelen čili, na drobno narezan
- 1 čebula, narezana na tanke rezine

NAVODILA:

a) V posodi za mešanje zmešajte riževo moko, ¼ skodelice večnamenske moke, pecilni prašek, ščepec soli in belega popra ter čebulo v prahu. Dodamo gazirano vodo in sezamovo olje, mešamo do gladkega in odstavimo.

b) V voku segrejte rastlinsko olje na srednje močnem ognju na 375 °F ali dokler ne začne brbotati in cvrčiti okoli konca lesene žlice.

c) Ostrige popivnajte s papirnato brisačo in potresite v preostali ¼ skodelice večnamenske moke. Ostrige eno za drugo pomakamo v testo iz riževe moke in previdno spuščamo v vroče olje.

d) Ostrige pražimo 3 do 4 minute oziroma do zlato rjave barve. Prenesite na žično hladilno stojalo, nameščeno nad pekačem, da se odcedi. Rahlo potresemo s soljo.

e) Ponovno segrejte olje na 375 °F in na kratko popecite česen in čilije, da postanejo hrustljavi, a še vedno svetle barve, približno 45 sekund. Z žično žlico dvignite iz olja in položite na krožnik, obložen s papirnato brisačo.

f) Ostrige razporedite po krožniku in jih potresite s česnom in čilijem. Okrasite z narezanimi česmi in takoj postrezite.

64. Ostrige na žaru s česnovim parmezanovim maslom

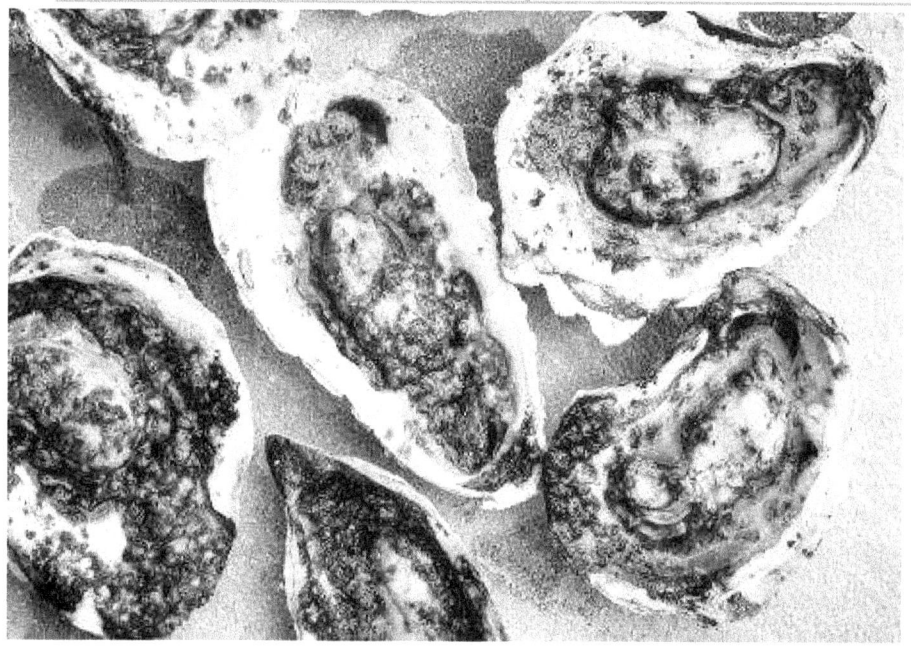

SESTAVINE:
- 24 ostrig, oluščenih, s polovičnimi školjkami
- 1/2 skodelice nesoljenega masla, zmehčanega
- 2 stroka česna, nasekljana
- 1/2 skodelice naribanega parmezana
- 1/4 skodelice sesekljanega svežega peteršilja
- Sol in poper po okusu
- Limonine rezine, za serviranje

NAVODILA:
a) Predgrejte žar na visoko temperaturo.
b) V majhni skledi zmešajte maslo, česen, parmezan, peteršilj, sol in poper, da se dobro povežejo.
c) Polovice lupin ostrig položite na žar.
d) V vsako lupino žlico nalijte malo česnovo parmezanovo maslo.
e) Na maslo v vsako lupino položite ostrigo.
f) Na vrh vsake ostrige nalijte še česnovo parmezanovo maslo.
g) Ostrige pecite na žaru približno 5 minut oziroma dokler se maslo ne stopi in so ostrige kuhane.
h) Postrezite vroče z rezinami limone.

65. Oyster Po' Boy

SESTAVINE:
- 1 pol litra svežih ostrig, oluščenih
- 1 skodelica večnamenske moke
- 1 čajna žlička česen v prahu
- 1 čajna žlička paprika
- 1/2 žličke kajenski poper
- Sol in črni poper, po okusu
- Rastlinsko olje, za cvrtje
- Francoske žemljice
- Solata, narezan paradižnik in majoneza za serviranje

NAVODILA:

a) V plitvi posodi zmešajte moko, česen v prahu, papriko, kajenski poper, sol in črni poper ter premešajte, da se združi.

b) V veliki ponvi segrejte približno 1 cm rastlinskega olja na srednje močnem ognju. Ostrige potopite v mešanico moke, otresite morebitni odvečni del in jih cvrete v serijah, dokler niso zlato rjave in hrustljave, približno 2-3 minute na serijo. Ostrige odcedimo na papirnatih brisačah.

c) Francoske žemljice po dolžini prerežemo na pol in jih namažemo z majonezo na obeh straneh. Dodamo solato in narezan paradižnik, nato pa na vrh položimo ocvrte ostrige. Postrezite toplo.

66. Virginia šunka in ostrige

SESTAVINE:
- 1 funt virginijske šunke, narezane na kocke
- 2 skodelici oluščenih ostrig in njihove tekočine
- 1/2 skodelice masla
- 1/2 skodelice moke
- 2 skodelici mleka
- 1/2 čajne žličke soli
- 1/4 čajne žličke črnega popra
- V veliki kozici na zmernem ognju stopite maslo.

NAVODILA:
a) Vmešajte moko in kuhajte 1-2 minuti ali dokler zmes ni zlato rjave barve.
b) Med nenehnim mešanjem postopoma vmešajte mleko in tekočino iz ostrig.
c) Dodamo šunko in ostrige ter kuhamo 10-12 minut oziroma dokler se ostrige ne skuhajo.
d) Začinite s soljo in črnim poprom.
e) Postrezite toplo.

67.Ostrige in školjke

SESTAVINE:
- 2 ducata ostrig
- 2 ducata britvic
- 2 žlici sveže jalapeno paprike
- ½ skodelice rdečega vinskega kisa
- 2 žlici sladkorja
- 1 čajna žlička soli
- 2 žlici rdeče čebule; drobno sesekljan
- 6 listov mete; šifonada

NAVODILA:
a) Predgrejte žar ali žar.
b) Ostrige in školjke zdrgnite in očistite ter odcedite
c) V manjšo skledo damo narezano papriko, kis, sladkor, sol, čebulo in meto ter premešamo.
d) Školjke položimo na žar in pečemo, dokler se školjke ne odprejo.
e) Odstranite in položite na krožnik, pokrit s kameno soljo.
f) Na sredino postavite omako za namakanje in postrezite z vilicami za koktajle.

68. Piščančje prsi, polnjene z ostrigami in špinačo

SESTAVINE:
- 4 piščančje prsi brez kosti in kože
- 16 svežih ostrig, oluščenih
- 1 skodelica sveže narezane špinače
- 1/2 skodelice feta sira, zdrobljenega
- 2 žlici olivnega olja
- Sol in poper po okusu
- Limonine rezine za serviranje

NAVODILA:
a) Pečico segrejte na 375 °F (190 °C).
b) V skledi zmešamo sesekljano špinačo in nadrobljeno feto.
c) V vsako piščančjo prso zarežite žep.
d) Vsak žep nadevajte z mešanico špinače in fete ter oluščenimi ostrigami.
e) Piščančje prsi začinite s soljo in poprom.
f) V ponvi, primerni za pečico, segrejte olivno olje in na njem na obeh straneh popečete piščanca.
g) Ponev prestavimo v pečico in pečemo 20-25 minut ali dokler ni piščanec pečen.
h) Postrezite z rezinami limone.

69. Testenine z ostrigami in kozicami

SESTAVINE:
- 1 funt lingvin ali špagetov
- 16 svežih ostrig, oluščenih
- 1 funt velika kozica, olupljena in razrezana
- 4 stroki česna, sesekljani
- 1/2 skodelice belega vina
- 1 skodelica češnjevih paradižnikov, prepolovljena
- 1/4 skodelice svežega peteršilja, sesekljanega
- Olivno olje
- Sol in poper po okusu
- Nariban parmezan za serviranje

NAVODILA:
a) Testenine skuhajte po navodilih na embalaži.
b) V ponvi na oljčnem olju prepražimo česen, da zadiši.
c) Dodamo kozice in oluščene ostrige, kuhamo dokler kozice ne porjavijo.
d) Zalijemo z belim vinom in pustimo vreti nekaj minut.
e) Vmešajte češnjeve paradižnike in svež peteršilj.
f) Začinimo s soljo in poprom.
g) Mešanico morskih sadežev zmešamo s kuhanimi testeninami.
h) Postrezite z naribanim parmezanom.

70.Takosi z ostrigami na žaru

SESTAVINE:
- 16 svežih ostrig, oluščenih
- 8 majhnih tortilj iz moke
- 1 skodelica rdečega zelja, naribanega
- 1 avokado, narezan
- Rezine limete za serviranje
- Chipotle majoneza ali vaša najljubša omaka

NAVODILA:
a) Predgrejte žar.
b) Oluščene ostrige pečemo na žaru 2-3 minute na vsaki strani.
c) Tople tortilje na žaru.
d) Sestavite takose z ostrigami na žaru, narezanim rdečim zeljem in narezanim avokadom.
e) Pokapljajte z majonezo ali vašo najljubšo omako.
f) Postrezite z rezinami limete.

71. Ostrige in slanina Carbonara

SESTAVINE:
- 1 funt špagetov
- 16 svežih ostrig, oluščenih
- 8 rezin slanine, sesekljane
- 4 stroki česna, sesekljani
- 3 velika jajca
- 1 skodelica naribanega sira Pecorino Romano
- Sol in črni poper po okusu
- Svež peteršilj za okras

NAVODILA:
a) Skuhajte špagete po navodilih na embalaži.
b) V ponvi hrustljavo popečemo sesekljano slanino.
c) Dodamo sesekljan česen in pražimo minuto.
d) V skledi zmešajte jajca, sir Pecorino Romano, sol in črni poper.
e) Kuhane špagete odcedimo in jih dodamo v ponev s slanino in česnom.
f) Mešanico jajc in sira prelijte čez testenine in jih hitro premešajte.
g) Dodajte oluščene ostrige in premešajte, dokler se ne segrejejo.
h) Okrasite s svežim peteršiljem.
i) Postrezite takoj.

72. Ostrige in teriyaki mešanica

SESTAVINE:
- 16 svežih ostrig, oluščenih
- 2 skodelici cvetov brokolija
- 1 rdeča paprika, narezana na rezine
- 1 korenček, julien
- 1 skodelica graha
- 1/2 skodelice teriyaki omake
- 2 žlici rastlinskega olja
- 2 skodelici kuhanega jasminovega riža
- Sezamovo seme za okras
- Zelena čebula, narezana, za okras

NAVODILA:
a) V voku ali veliki ponvi segrejte rastlinsko olje.
b) Med mešanjem prepražimo brokoli, papriko, korenček in grah, dokler ne postanejo hrustljavi.
c) Dodamo oluščene ostrige in med mešanjem pražimo, da se robovi zavihajo.
d) Prelijemo z omako teriyaki in premešamo.
e) Postrezite čez kuhan jasminov riž.
f) Okrasite s sezamom in narezano zeleno čebulo.

JUHE IN JUHE

73. Crockpot jastog bisque

SESTAVINE:
- 1 čebula, sesekljana
- 5 žlic masla
- 3 zeleni por, narezan
- 1 skodelica jastoga, naribanega
- 2 korenčka, olupljena in narezana na kocke
- 2 skodelici soka školjk
- 3 skodelice razrezanih oklepov in repov jastoga
- 1 paradižnik, brez semen, olupljen in narezan
- 1 skodelica ostrig

NAVODILA:
a) Na malo masla prepražimo por, čebulo, paradižnik in korenček.
b) Prenesite v lonček skupaj z lupinami jastoga in tekočino iz ostrig ter kuhajte na nizki temperaturi 1 uro.
c) Odstranite lupine in jih zavrzite.
d) Med močnim mešanjem dodajte preostalo tekočino; zavrite.
e) Dodajte ostrige, zelenjavo in meso jastoga ter kuhajte nepokrito približno 10 minut.

74.Juha iz ostrig in sladkega krompirja

SESTAVINE:
- 16 svežih ostrig, oluščenih
- 2 sladka krompirja, olupljena in narezana na kocke
- 1 čebula, sesekljana
- 4 skodelice piščančje ali zelenjavne juhe
- 1 skodelica kokosove smetane
- 2 žlici olivnega olja
- 1 čajna žlička mlete kumine
- Sol in poper po okusu
- Sesekljana zelena čebula za okras

NAVODILA:
a) V loncu na oljčnem olju prepražimo sesekljano čebulo, da se zmehča.
b) Dodamo na kocke narezan sladki krompir, mleto kumino, piščančjo ali zelenjavno juho in zavremo.
c) Dodamo oluščene ostrige in kuhamo, da se robovi zavihajo.
d) Vmešamo kokosovo smetano in dušimo, dokler se ne segreje.
e) Začinimo s soljo in poprom.
f) Okrasite s sesekljano zeleno čebulo.
g) Postrezite toplo.

75. Ostrige in koruzna juha

SESTAVINE:
- 16 svežih ostrig, oluščenih
- 1 skodelica koruznih zrn
- 4 rezine slanine, sesekljane
- 1 čebula, narezana na kocke
- 2 krompirja, narezana na kocke
- 3 skodelice piščančje juhe
- 1 skodelica težke smetane
- Sol in črni poper po okusu
- Sesekljan drobnjak za okras

NAVODILA:
a) V večjem loncu hrustljavo popečemo sesekljano slanino.
b) Dodamo na kocke narezano čebulo in kuhamo, dokler se ne zmehča.
c) Primešamo na kocke narezan krompir in koruzna zrna.
d) Zalijemo s piščančjo juho in pustimo vreti, dokler se krompir ne zmehča.
e) Dodajte oluščene ostrige in kuhajte, dokler se robovi ne zavihajo.
f) Prilijemo gosto smetano in dušimo, dokler se ne segreje.
g) Začinite s soljo in črnim poprom.
h) Okrasimo s sesekljanim drobnjakom.
i) Postrezite toplo.

76.Ostrigina juha z ingverjem

SESTAVINE:
- 12 pacifiških ostrig
- 1,5 litra (2½ pinta) hladne piščančje juhe dobre kakovosti
- 2 žlički tajske ribje omake
- 1 žlička lahke sojine omake
- 1 srednje pekoč zelen čili, očiščen in grobo narezan
- 1 cm (½ in) kos sveže korenine ingverja, narezan na rezine
- 100 g (4 oz) poceni fileja bele ribe, drobno sesekljanega
- 50 g (2 oz) pora, narezanega na tanke rezine
- 1 beljak
- nekaj listov pehtrana, čebulice in mladega ploščatega peteršilja za okras

NAVODILA:
a) Odprite ostrige in odlijte sok v skledo. Meso ostrig odstranite iz lupin in jih hranite na hladnem, dokler jih ne potrebujete.
b) V večjo ponev dajte ostrig sok, hladno piščančjo osnovo, tajsko ribjo omako, sojino omako, zeleni čili, ingver, sesekljano ribo, por, beljak in 1 čajno žličko soli.
c) Postavimo na srednji ogenj in počasi zavremo, občasno premešamo. Pustite, da juha močno vre 5–10 sekund, nato zmanjšajte ogenj in pustite, da nemoteno vre 30 minut.
d) Juho pretlačimo v čisto ponev skozi fino cedilo, obloženo z dvojno debelino muslina. Meso ostrig po dolžini narežite na 2 ali 3 rezine, odvisno od velikosti.
e) Juho ponovno zavremo, dodamo rezine ostrig in pustimo, da se rahlo kuhajo le 5 sekund.
f) Nato juho prelijemo v ogrete sklede in vsako izdatno potresemo z zeliščnimi listi. Postrezite takoj.

77. Dimljena ostriga in krompirjeva juha

SESTAVINE:
- 16 svežih ostrig, oluščenih
- 4 krompirje, olupljene in narezane na kocke
- 1 čebula, narezana na kocke
- 4 skodelice piščančje juhe
- 1 skodelica mleka
- 4 rezine slanine, kuhane in zdrobljene
- 2 žlici masla
- Dimljena paprika in drobnjak za okras
- Sol in poper po okusu

NAVODILA:

a) V loncu na maslu prepražimo na kocke narezano čebulo, da se zmehča.
b) Dodamo na kocke narezan krompir, piščančjo juho in zavremo.
c) Dodamo oluščene ostrige in kuhamo, da se robovi zavihajo.
d) Vmešajte mleko in kuhajte, dokler se ne segreje.
e) Začinimo s soljo in poprom.
f) Juho nadevamo v sklede in potresemo z nadrobljeno slanino, dimljeno papriko in sesekljanim drobnjakom.
g) Postrežemo toplo.

78. Lotusova korenina in gobova juha

SESTAVINE:
- 340 g lotosove korenine, očiščene in narezane na koščke
- 40 g morskega mahu
- 8 kosov kitajskih gob
- 8 kosov posušene ostrige
- 2 litra čiste piščančje juhe

NAVODILA:
a) Gobo namočimo in ji odrežemo steblo.
b) Namočite in očistite posušene ostrige in morski mah.
c) Dodajte vse sestavine v lonec in zavrite.
d) Ogenj zmanjšajte in kuhajte 2 uri.
e) Posolimo.

79. Lagniappe čili

SESTAVINE:
- 1 funt posušenega pinto fižola
- 6 litrov vode ali goveje juhe
- 2 lovorjeva lista
- 3 unče posušenih paradižnikov
- 1 žlica žajblja
- 1 čajna žlička origana
- 3 čajne žličke kajenskega prahu
- 1 žlica semena črne gorčice; pražen
- 1 žlica semen kumine; pražen
- ½ skodelice Worcestershire omake
- ½ skodelice Nuoc mam
- ¼ skodelice črnega popra
- ¼ skodelice pekoče paprike
- ¼ skodelice mlete kumine
- 4 velike paprike Chipotle; raztrgan na koščke
- 2 veliki papriki Jalapeno; sesekljan
- 2 funta svežih paradižnikov; sesekljan
- 1 pločevinka (28 oz) pelatov; sesekljan
- 12 unč paradižnikove paste
- 2 glavi česna; stisnjen
- 2 veliki rumeni čebuli; sesekljan
- 4 žlice olja oljne repice
- 1 funt Kielbasa
- 3 funte mlete govedine
- 2 žlici posušenih kozic
- 1 skodelica dimljenih ostrig
- ¼ skodelice medu
- Sol po okusu

NAVODILA:

a) Pinto fižol namočite čez noč. Naslednje jutro odcedite fižol in zavrzite tiste, ki plavajo.

b) Segrejte vodo ali govejo osnovo, dodajte pintos. Počasi zavremo, zmanjšamo ogenj, dodamo lovorjev list in pustimo vreti dve uri. Medtem ko se fižol duši, v manjšo suho ponev damo eno žlico semen kumine in eno žlico semen črne gorčice. Ogenj povečajte in med nenehnim mešanjem kuhajte, dokler semena *samo* ne začnejo pokati. Takoj odstranite z ognja in zdrobite v terilnici ali kuhinjskem robotu. Rezerva.

c) Nato fižolu dodamo vse suhe začimbe, paradižnik in papriko. Dobro premešamo. Dodamo worcestershire omako in nuoc mam, premešamo. V večjo ponev damo štiri žlice olja, nasekljamo čebulo in papriko jalapeno ter pražimo na srednjem ognju, da čebula postekleni. Dodamo v čili lonec, premešamo. Narežite en funt kielbase, porjavite v ponvi in dodajte čiliju. Zdaj porjavite tri kilograme mlete govedine, ki jo z lopatko nasekljate na zalogaj velike kose. Odstavite z ognja, odcedite in dodajte čiliju.

d) Zdaj v čili stisnite dve glavici (približno 25 strokov) česna. Dodamo posušene kozice in dimljene ostrige. Premešamo, zavremo, zmanjšamo na srednjo temperaturo in pokrito kuhamo še eno do dve uri, občasno premešamo.

e) Približno petnajst minut pred serviranjem dodamo četrtino skodelice medu, premešamo in solimo po okusu. Odstranite z ognja in postrezite.

80. Začinjena juha z ostrigami in paradižnikom

SESTAVINE:
- 16 svežih ostrig, oluščenih
- 1 čebula, sesekljana
- 2 stroka česna, nasekljana
- 1 pločevinka (28 unč) na kocke narezanega paradižnika
- 4 skodelice piščančje juhe
- 1 čajna žlička prekajene paprike
- 1/2 čajne žličke kajenskega popra
- Sol in poper po okusu
- Svež cilantro za okras

NAVODILA:
a) V loncu prepražimo sesekljano čebulo in sesekljan česen, dokler se ne zmehčata.
b) Dodamo na kocke narezan paradižnik in piščančjo juho, zavremo.
c) Ogenj zmanjšamo in pustimo vreti 15 minut.
d) Dodamo oluščene ostrige in kuhamo, da se robovi zavihajo.
e) Vmešamo dimljeno papriko in kajenski poper.
f) Začinimo s soljo in poprom.
g) Okrasite s svežim cilantrom.
h) Postrezite toplo.

81. Ostriga in porova krompirjeva juha

SESTAVINE:
- 16 svežih ostrig, oluščenih
- 2 pora, narezana na rezine
- 3 krompirji, olupljeni in narezani na kocke
- 4 skodelice piščančje ali zelenjavne juhe
- 1 skodelica mleka
- 2 žlici masla
- Sol in poper po okusu
- Svež koper za okras

NAVODILA:
a) V loncu na maslu prepražimo narezan por, da se zmehča.
b) Dodajte na kocke narezan krompir, piščančjo ali zelenjavno juho in pustite vreti, dokler se krompir ne zmehča.
c) Dodamo oluščene ostrige in kuhamo, da se robovi zavihajo.
d) Zalijemo z mlekom in pustimo vreti, dokler se ne segreje.
e) Začinimo s soljo in poprom.
f) Okrasite s svežim koprom.
g) Postrežemo toplo.

82. Posoda za azijske krizanteme

SESTAVINE:
- 2 litra piščančje juhe
- ¾ žlice sezamovega olja
- 2 žlički soli
- 4 unče celofanski rezanci iz fižolovih niti
- 1 zeljna glava, nastrgana
- 1 funt špinače, sveže
- 2 piščančja prsa brez kosti
- 8 unč piščančjih jeter
- 8 unč svinjskega fileja
- 8 unč čvrste bele ribe
- 8 unč kozic
- 1 skodelica ostrig
- 3 žlice sojine omake
- 2 žlici šerija
- 2 veliki krizantemi

NAVODILA:
a) Vse meso in zelenjavo narežite na kitajski način.
b) V servirnem loncu zavremo piščančjo osnovo, olje in sol.
c) Rezance in vse surovine lepo razporedimo po krožniku.
d) V brbotajočo juho dodajte šeri in sojino omako.
e) Gostom priskrbite palčke in servirne sklede. povabite goste, naj dodajo surovine v juho.
f) Pustite kuhati, dokler ribe in kozice niso prozorne.
g) Tik preden si gostje postrežejo iz lonca, na brbotajočo juho potresemo lističe krizantem.
h) Juho postrežemo v skledicah.

83. Biskvit z ostrigami in divjimi gobami

SESTAVINE:
- 16 svežih ostrig, oluščenih
- 2 skodelici gozdnih gob, narezanih
- 1 čebula, narezana na kocke
- 4 stroki česna, sesekljani
- 4 skodelice piščančje ali zelenjavne juhe
- 1 skodelica težke smetane
- 2 žlici olivnega olja
- Sol in poper po okusu
- Listi svežega timijana za okras

NAVODILA:
a) V loncu na olivnem olju prepražimo na kocke narezano čebulo in sesekljan česen, da se zmehčata.
b) Dodamo narezane gobe in jih kuhamo do mehkega.
c) Zalijemo s piščančjo ali zelenjavno juho in pustimo vreti.
d) Dodamo oluščene ostrige in kuhamo, da se robovi zavihajo.
e) Vmešajte gosto smetano in kuhajte, dokler se ne segreje.
f) Začinimo s soljo in poprom.
g) Okrasite s svežimi listi timijana.
h) Postrežemo toplo.

84. Juha iz ostrig in pečene rdeče paprike

SESTAVINE:
- 16 svežih ostrig, oluščenih
- 2 rdeči papriki, pečeni in olupljeni
- 1 čebula, sesekljana
- 2 korenčka, sesekljana
- 4 skodelice piščančje ali zelenjavne juhe
- 1 skodelica kokosovega mleka
- 2 žlici olivnega olja
- Sol in poper po okusu
- Dimljena paprika za okras

NAVODILA:
a) V loncu na olivnem olju prepražimo sesekljano čebulo in korenje, da se zmehčata.
b) Prilijemo pečeno in olupljeno rdečo papriko, piščančjo ali zelenjavno juho in zavremo.
c) Dodamo oluščene ostrige in kuhamo, da se robovi zavihajo.
d) Juho mešajte, dokler ni gladka.
e) Vmešajte kokosovo mleko in kuhajte, dokler se ne segreje.
f) Začinimo s soljo in poprom.
g) Okrasite s posipom dimljene paprike.
h) Postrezite toplo.

85. Ostrige in koruzni velouté

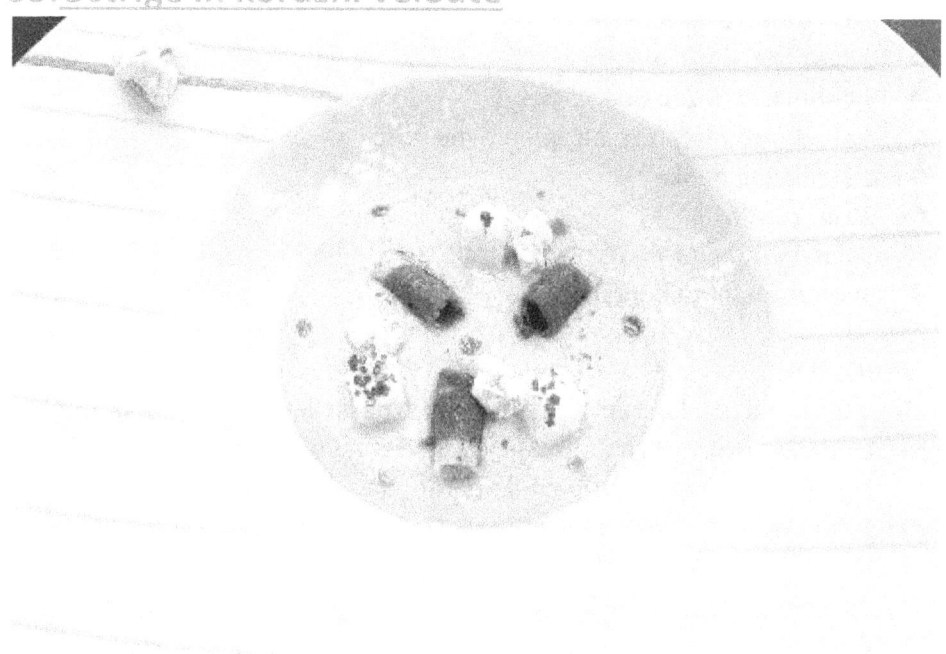

SESTAVINE:
- 16 svežih ostrig, oluščenih
- 2 skodelici koruznih zrn
- 1 čebula, narezana na kocke
- 4 skodelice piščančje ali zelenjavne juhe
- 1 skodelica mleka
- 2 žlici masla
- Sol in beli poper po okusu
- Svež peteršilj za okras

NAVODILA:
a) V loncu na maslu prepražimo na kocke narezano čebulo, da se zmehča.
b) Dodajte koruzna zrna, piščančjo ali zelenjavno juho in zavrite.
c) Dodamo oluščene ostrige in kuhamo, da se robovi zavihajo.
d) Juho mešajte, dokler ni gladka.
e) Vmešajte mleko in kuhajte, dokler se ne segreje.
f) Začinimo s soljo in belim poprom.
g) Okrasite s svežim peteršiljem.
h) Postrežemo toplo.

86.Juha z morskimi sadeži iz ostrig in žafrana

SESTAVINE:
- 16 svežih ostrig, oluščenih
- 1/2 skodelice kozic, olupljenih in razrezanih
- 1/2 skodelice pokrovače
- 1 čebula, drobno sesekljana
- 2 stroka česna, nasekljana
- 4 skodelice ribje osnove
- 1/4 žličke žafranove niti
- 1 skodelica narezanega paradižnika
- 2 žlici olivnega olja
- Sol in poper po okusu
- Svež cilantro za okras

NAVODILA:
a) V loncu na olivnem olju prepražimo sesekljano čebulo in sesekljan česen, da se zmehčata.
b) Dodajte kozice in pokrovače ter kuhajte, dokler ne postanejo motne.
c) Prilijemo ribjo osnovo, žafranove nitke in na kocke narezan paradižnik. Dušimo 10-15 minut.
d) Dodamo oluščene ostrige in kuhamo, da se robovi zavihajo.
e) Začinimo s soljo in poprom.
f) Okrasite s svežim cilantrom.
g) Postrezite toplo.

87. Kremna juha iz ostrig in krompirja

SESTAVINE:
- 16 svežih ostrig, oluščenih
- 4 krompirje, olupljene in narezane na kocke
- 1 čebula, sesekljana
- 4 skodelice piščančje juhe
- 1 skodelica težke smetane
- 2 žlici masla
- 2 žlici večnamenske moke
- Koščki slanine za okras
- Sesekljan drobnjak za okras
- Sol in poper po okusu

NAVODILA:
a) V loncu na maslu prepražimo sesekljano čebulo, da se zmehča.
b) Dodamo na kocke narezan krompir in piščančjo juho ter dušimo, dokler se krompir ne zmehča.
c) V majhni ponvi naredite prežganje tako, da raztopite maslo in vmešate moko, dokler ni gladka.
d) Prežganje postopoma vmešamo v juho, da se zgosti.
e) Dodamo oluščene ostrige in kuhamo, da se robovi zavihajo.
f) Prilijemo gosto smetano in dušimo, dokler se ne segreje.
g) Začinimo s soljo in poprom.
h) Okrasite s koščki slanine in sesekljanim drobnjakom.
i) Postrežemo toplo.

88. Juha iz ostrig in zelene

SESTAVINE:
- 16 svežih ostrig, oluščenih
- 1 zelena, olupljena in narezana na kocke
- 1 por, narezan
- 4 skodelice piščančje ali zelenjavne juhe
- 1 skodelica mleka
- 2 žlici olivnega olja
- 1 čajna žlička mletega muškatnega oreščka
- Sol in beli poper po okusu
- Svež timijan za okras

NAVODILA:
a) V loncu na olivnem olju prepražimo narezan por, da se zmehča.
b) Dodamo na kocke narezano zeleno in piščančjo ali zelenjavno juho ter dušimo toliko časa, da se zelena zmehča.
c) Dodamo oluščene ostrige in kuhamo, da se robovi zavihajo.
d) Vmešajte mleko in kuhajte, dokler se ne segreje.
e) Začinimo z mletim muškatnim oreščkom, soljo in belim poprom.
f) Okrasite s svežim timijanom.
g) Postrezite toplo.

89. Dimljena juha iz ostrig

SESTAVINE:
- 16 dimljenih ostrig, v pločevinkah
- 4 krompirje, olupljene in narezane na kocke
- 1 čebula, narezana na kocke
- 4 skodelice piščančje juhe
- 1 skodelica mleka
- 2 žlici masla
- 2 žlici večnamenske moke
- Dimljena paprika za okras
- Sesekljan peteršilj za okras
- Sol in poper po okusu

NAVODILA:
a) V loncu na maslu prepražimo na kocke narezano čebulo, da se zmehča.
b) Dodamo na kocke narezan krompir in piščančjo juho ter dušimo, dokler se krompir ne zmehča.
c) V majhni ponvi naredite prežganje tako, da raztopite maslo in vmešate moko, dokler ni gladka.
d) Prežganje postopoma vmešamo v juho, da se zgosti.
e) Dodajte dimljene ostrige in kuhajte, dokler se ne segrejejo.
f) Vmešajte mleko in kuhajte, dokler se ne segreje.
g) Začinimo s soljo in poprom.
h) Okrasimo s prekajeno papriko in sesekljanim peteršiljem.
i) Postrežemo toplo.

90. Biskvit iz ostrig in komarčka

SESTAVINE:
- 16 svežih ostrig, oluščenih
- 1 čebulica koromača, sesekljana
- 1 čebula, sesekljana
- 4 skodelice piščančje ali zelenjavne juhe
- 1 skodelica težke smetane
- 2 žlici olivnega olja
- 1/2 čajne žličke mletega koriandra
- Sol in poper po okusu
- Opečena semena koromača za okras

NAVODILA:
a) V loncu na oljčnem olju prepražimo sesekljano čebulo in koromač, da se zmehčata.
b) Dodajte piščančjo ali zelenjavno juho in pustite vreti, dokler se koromač ne zmehča.
c) Dodamo oluščene ostrige in kuhamo, da se robovi zavihajo.
d) Prilijemo gosto smetano in dušimo, dokler se ne segreje.
e) Začinimo z mletim koriandrom, soljo in poprom.
f) Okrasite s popečenimi semeni koromača.
g) Postrezite toplo.

SOLATE IN PRILOGE

91. Solata z ostrigami in avokadom

SESTAVINE:
- 2 skodelici mešanega zelenja
- 16 svežih ostrig, pečenih na žaru ali v ponvi
- 1 avokado, narezan
- 1/2 skodelice češnjevih paradižnikov, prepolovljenih
- Balzamični vinaigrette preliv
- Nadrobljen feta sir za okras

NAVODILA:
a) Mešano zelenje razporedimo po krožnikih.
b) Na vrh položite ostrige na žaru ali v ponvi, rezine avokada in češnjeve paradižnike.
c) Prelijemo z balzamičnim vinaigretom.
d) Okrasite z nadrobljenim feta sirom.
e) Postrezite kot osvežilno solato za zajtrk.

92. Rockefellerjeva solata z ostrigami

SESTAVINE:
- 16 svežih ostrig, oluščenih
- Mešana zelena solata (rukola, špinača, vodna kreša)
- 1 skodelica češnjevih paradižnikov, prepolovljena
- 1/2 skodelice zdrobljenega feta sira
- 1/4 skodelice balzamičnega vinaigreta
- Limonine rezine za okras

NAVODILA:
a) Mešano zeleno solato razporedimo po servirnem krožniku.
b) Vrh z oluščenimi ostrigami.
c) Po solati potresemo razpolovljene češnjeve paradižnike in nadrobljen feta sir.
d) Prelijemo z balzamičnim vinaigretom.
e) Okrasite z rezinami limone.
f) Postrežemo ohlajeno.

93. Solata iz kvinoje in granatnega jabolka

SESTAVINE:
- 16 svežih ostrig, oluščenih
- 1 skodelica kuhane kvinoje, ohlajene
- 1 skodelica rukole
- 1/2 skodelice semen granatnega jabolka
- 1/4 skodelice kozjega sira, zdrobljenega

VINAIGRETA IZ GRANATNEGA JABOLKA:
- 1/4 skodelice soka granatnega jabolka
- 2 žlici olivnega olja
- 1 žlica balzamičnega kisa
- 1 čajna žlička medu
- Sol in poper po okusu

NAVODILA:
a) V veliki skledi zmešajte kuhano kvinojo, rukolo, semena granatnega jabolka in nadrobljen kozji sir.
b) Na vrh kvinojine solate položite oluščene ostrige.
c) V majhni skledi zmešajte sok granatnega jabolka, olivno olje, balzamični kis, med, sol in poper, da naredite vinaigrette.
d) Solato pokapljajte z vinaigrette iz granatnega jabolka.
e) Nežno premešajte, da se združi.
f) Postrezite pri sobni temperaturi.

94. Kumarična solata z ostrigami in avokadom

SESTAVINE:
- 16 svežih ostrig, oluščenih
- 2 avokada, narezana
- 1 kumara, narezana na rezine
- 1/4 skodelice rdeče čebule, narezane na tanke rezine
- 2 žlici svežega cilantra, sesekljanega

LIMETIN VINAIGRET:
- 1/4 skodelice olivnega olja
- 2 žlici limetinega soka
- 1 čajna žlička medu
- Sol in poper po okusu

NAVODILA:
a) Rezine avokada razporedite po servirnem krožniku.
b) Na vrh položite oluščene ostrige in rezine kumar.
c) Po solati potresemo na tanke rezine narezano rdečo čebulo.
d) V majhni skledi zmešajte oljčno olje, limetin sok, med, sol in poper.
e) Solato pokapljajte z limetinim vinom.
f) Po vrhu potresemo sesekljan cilantro.
g) Postrezite takoj.

95. Solata iz ostrig in manga s prelivom iz čilija in limete

SESTAVINE:
- 16 svežih ostrig, oluščenih
- 2 manga, olupljena in narezana na kocke
- 1 rdeča paprika, narezana na kocke
- 1/4 skodelice rdeče čebule, drobno sesekljane
- 1 jalapeño, narezan na tanke rezine
- Listi sveže mete za okras

ČILI-LIMETIN PRELIV:
- 3 žlice oljčnega olja
- 2 žlici limetinega soka
- 1 čajna žlička medu
- 1/2 čajne žličke čilija v prahu
- Sol in poper po okusu

NAVODILA:

a) Na servirni krožnik razporedimo na kocke narezan mango.
b) Na vrh položite oluščene ostrige in na kocke narezano rdečo papriko.
c) Po solati potresemo drobno sesekljano rdečo čebulo in narezan jalapeño.
d) V majhni skledi zmešajte oljčno olje, limetin sok, med, čili v prahu, sol in poper, da naredite preliv.
e) Preliv iz čilija in limete pokapljajte po solati.
f) Okrasite z listi sveže mete.
g) Postrežemo ohlajeno.

96. Solata z ostrigami in lubenico

SESTAVINE:
- 16 svežih ostrig, oluščenih
- 2 skodelici lubenice, narezane na kocke
- 1 skodelica feta sira, zdrobljenega
- 1/4 skodelice svežih listov mete, sesekljanih
- Balzamična glazura za prelivanje
- Sol in poper po okusu

NAVODILA:
a) Kocke lubenice razporedimo po servirnem krožniku.
b) Povrhu z oluščenimi ostrigami in zdrobljenim feta sirom.
c) Po solati potresemo sesekljano svežo meto.
d) Prelijemo z balzamično glazuro.
e) Začinimo s soljo in poprom.
f) Postrežemo ohlajeno.

97. Solata iz ostrig in špargljev

SESTAVINE:
- 16 svežih ostrig, oluščenih
- 1 šopek blanširanih in narezanih špargljev
- Mešana zelena solata
- 1/4 skodelice pinjol, opečenih

LIMONSKI DIJON VINAIGRETTE:
- 1/4 skodelice olivnega olja
- 2 žlici limoninega soka
- 1 čajna žlička dijonske gorčice
- 1 čajna žlička medu
- Sol in poper po okusu

NAVODILA:
a) Mešano zeleno solato razporedimo po servirnem krožniku.
b) Po vrhu z narezanimi šparglji in oluščenimi ostrigami.
c) V majhni skledi zmešajte olivno olje, limonin sok, dijonsko gorčico, med, sol in poper, da naredite vinaigrette.
d) Solato pokapajte z limoninim dijonskim vinom.
e) Po vrhu potresemo popečene pinjole.
f) Postrezite takoj.

98.Solata iz ostrig in kvinoje

99. Solata iz ostrig in kuskusa

SESTAVINE:
- 16 svežih ostrig, oluščenih
- 1 skodelica kuhane kvinoje, ohlajene
- 1 skodelica češnjevih paradižnikov, prepolovljena
- 1/2 skodelice kumare, narezane na kocke
- 1/4 skodelice feta sira, zdrobljenega

NAVODILA:
a) V veliki skledi zmešajte kuhano kvinojo, prepolovljene češnjeve paradižnike, na kocke narezano kumaro in nadrobljen feta sir.
b) Mešanico kvinoje prelijte z oluščenimi ostrigami.
c) Nežno premešajte, da se združi.
d) Postrezite pri sobni temperaturi.

On the Place of Linguistics in Northern Afghanistan

A Tribute to Simone Beck[†]

General Editor
Eberhard Werner[†]

Volume Editor
Wayne Lunsford

SIL Global
Dallas, Texas

© 2025 SIL Global
Library of Congress Control Number: 2025941955
ISBN: 978-1-55671-510-5 (ePub)
ISBN: 978-1-55671-584-6 (pbk)
ISSN: 1040-0850

All rights reserved

No part of this publication may be reproduced, stored in a retrieval system, or transmitted in any form or by any means—electronic, mechanical, photocopy, recording, or otherwise—without the express permission of SIL Global. However, short passages, generally understood to be within the limits of fair use, may be quoted without written permission.

Data and materials collected by researchers in an era before documentation of permission was standardized may be included in this publication. SIL makes diligent efforts to identify and acknowledge sources and to obtain appropriate permissions wherever possible, acting in good faith and on the best information available at the time of publication.

Scripture quotations marked "NASB" are taken from the *New American Standard Bible®*, NASB®, © 1960, 1962, 1963, 1968, 1971, 1972, 1973, 1975, 1977, 1995 by The Lockman Foundation. Used by permission.

Scripture quotations marked "NIV" are taken from the *Holy Bible, New International Version®*, NIV®, © 1973, 1978, 1984, 2011 by Biblica, Inc.® Used by permission. All rights reserved worldwide.

Scripture quotations marked "NKJV" are taken from *The Nelson Study Bible: New King James Version*, copyright © 1997 by Thomas Nelson. Used by permission.

Cover photography copyright © 2025 by Erin Sangregory. Used by permission.

Figure 6.3 (p. 171) Map outline from "Central Asia Ethnic en.svg" by Pmx, 2009. https://commons.wikimedia.org/wiki/File:Central_Asia_Ethnic_en.svg Creative Commons Attribution -Share Alike 3.0 Unported license by Pmx, 2014. Used with permission. This image is licensed under the terms of Creative Commons Attribution-Share Alike 3.0 Unported license https://creativecommons.org/licenses/by-sa/3.0/deed.en. Adapted by the author.

Copies of this and other publications of SIL Global may be obtained through distributors such as Amazon, Barnes & Noble, other worldwide distributors and, for select volumes, publications.sil.org:

SIL Global Publishing Services
7500 W Camp Wisdom Road
Dallas, TX 75236-5629 USA
publications@sil.org